Viet Nam,

La tragédie indochinoise

Louis Roubaud

Table des matières

Viet Nam ! Viet Nam ! Viet Nam ! Patrie du Sud ! Patrie du Sud !...
Treize fois j'entendis ce cri devant la guillotine de Yen Bay. Les treize
condamnés à mort l'avaient proféré l'un après l'autre à deux mètres de
l'échafaud.

Viet Nam

Le mot « Viet », qui est le nom d'une des cent familles légendaires fondatrices de l'empire d'Annam, exprime l'idée de patrie.

Il signifie aussi : « là-bas, au lointain » et rappelle l'exode des peuples qui s'installèrent à l'extrême sud de la Chine.

On dit « Viet Nam » (*Sud lointain*) au lieu de « Annam » (*Sud tranquille*).

La suppression du mot chinois « An », qui signifie « tranquille, pacifié », est une protestation contre le souvenir de l'ancien conquérant et contre l'acceptation de la conquête.

Viet Nam ! Viet Nam !... Patrie du Sud ! Patrie du Sud !... Treize fois j'entendis ce cri devant la guillotine de Yen Bay. Les treize condamnés à mort l'avaient proféré, l'un après l'autre, à deux mètres de l'échafaud.

Bonsoir Nguyen

Je partais « pour France »... je gravissais, à minuit, un escalier sur le ventre du paquebot *Porthos*, constellé d'ampoules électriques et je quittais la ville pour entrer dans la rivière de Saïgon.

Ces nuits-là, le dancing du *Perroquet* fait relâche, la terrasse du *Continental* est abandonnée, on peut traverser la rue Catinat sans danger. « Le Tout-Saïgon » français se retrouve sur le quai. Les belles voitures sont rangées devant les docks des messageries. À bord du bateau-palace s'accomplit la fête des adieux ; le salon est encombré, il faut ruser pour s'emparer d'une table dans l'intérieur du grand café du bord ou à la terrasse qui empiète sur le pont-boulevard. Le jazz joue quelques airs syncopés ; les femmes ont leur robe parisienne de l'unique saison, car il n'est point d'hiver, de printemps ni d'automne pour interrompre l'éternel été de Cochinchine. Beaucoup d'hommes, conviés à quelque dîner de départ, ont conservé, au-dessus de leur pantalon de smoking, le spencer blanc qui serre les torses, accentue les maigreurs, accuse les obésités. Le deckman et le barman, affolés, manquent de seaux à glace pour les bouteilles de champagne. Dans les flamboyants du jardin de M. Bontoux, le sympathique agent général de la compagnie, à cent mètres du fleuve, mille cigales continuent leur vacarme familier.

Ce soir, le congé de M. Lacombe, directeur des Affaires Politiques, que j'avais connu il y a quelque dix ans au dîner des Indochinois de l'ancienne taverne Pousset, avait attiré les Officiels : M. le gouverneur général Pasquier ; M. Le Fol, résident supérieur en Annam ; M. Grafeuil, secrétaire général du gouvernement... Ainsi je vivais mes dernières heures avec la France d'Asie : la cour et la ville.

La cloche sonna, on s'embrassa, on tamponna du mouchoir quelques yeux mouillés, les voitures sur le quai démarrèrent une à une. Lentement, lentement, l'immense maison se décollait de la rive..., je restai seul à ma table du bar, tout à l'heure si bruyant, et je tirai de ma poche quelques lettres que le maître d'hôtel m'avait remises à mon arrivée.

Je lus :

« Monsieur, nous ne viendrons pas à bord, ma femme ni moi, pour vous serrer la main ; nous serions gênés et nous vous gênerions. Vous serez entouré d'amis français... »

Je décachetai aussi quelques télégrammes qui me souhaitaient une bonne traversée.

Ce courrier était signé : Bui, Hoang, Li, Van Quang, Nguyen...

C'était l'adieu de l'autre pays... de mes amis d'Annam, ceux qui m'avaient reçu dans leurs maisons, riches ou pauvres, sur le bas-flanc sculpté en bois de teck, devant l'autel des ancêtres, rouge et or, avec l'étincelante boule de cuivre à dragons et lions héraldiques où brûle l'encens des morts...

— Bonsoir, Nguyen !

Il n'y a pas deux mois de cela ! Me voici à Paris avec mes notes et mes souvenirs.

Je voudrais maintenant, avec le recul, sinon du temps, du moins de la distance, coordonner ces documents, ces impressions, en dégager quelque chose d'utile, un peu de vérité.

Pour être clair, il faut rappeler brièvement les faits qui me décidèrent à ouvrir une enquête :

Le 11 février 1930 une courte dépêche d'Hanoï apprenait aux Français de la métropole la révolte des tirailleurs indigènes de la garnison de Yen Bay, le massacre, dans la nuit, des officiers et sous-officiers blancs. Les jours suivants, d'autres câblogrammes, assez laconiques, nous informaient d'autres incidents : des bombes jetées à Hanoï sur les commissariats, l'agent de police du pont Doumer grièvement blessé, le sous-préfet indigène de Vinh Bao supplicié, assassiné...

Que se passait-il ? Rien, absolument rien n'avait pu faire pressentir à l'opinion métropolitaine de pareils événements. On les expliqua officiellement par quelques mécontentements locaux, par l'action de la propagande communiste. On les dissocia d'un ensemble de faits auxquels — nous le verrons — ils appartenaient pourtant.

« Tout cela, disait-on, ne pouvait faire suspecter le loyalisme du peuple indochinois, son attachement indéfectible à la nation protectrice. »

Quelques semaines plus tard, dans la magnifique et magique Cité Universitaire qui réunit fraternellement sous le ciel de Paris la jeunesse intellectuelle du monde entier, devait être inaugurée la maison de l'Indochine.

Cette cérémonie rappelait opportunément que la France avait apporté à ses sujets et protégés d'Annam, parmi beaucoup d'autres bienfaits, sa culture, sa science, sa morale ; qu'elle avait créé une université à Hanoï, des lycées ou collèges dans plusieurs centres ; qu'elle ouvrait aussi aux Annamites les portes des universités métropolitaines et distribuait des bourses aux étudiants méritants sans fortune.

Mieux ! M. A.R. Fontaine, un vieux Français de là-bas, offrait à nos jeunes hôtes une somptueuse demeure.

Messieurs et chers amis, leur écrivait-il, *au soir d'une vie dont l'activité s'est dépensée dans votre beau pays, j'ai voulu le payer en quelque sorte de retour en m'intéressant à ses élites qui montent...*

Cette maison contient quatre-vingts chambres ; peut-être M. Fontaine avait-il pu craindre un instant de n'avoir pas été assez généreux car la seule Association des étudiants annamites de Paris groupait trois cent cinquante membres.

Il n'y eut que trente-cinq demandes d'inscription.

À la veille de l'inauguration, sur les trente-cinq adhérents, vingt-neuf s'étaient rétractés !

Sept étudiants seulement se présentèrent pour occuper leur palais ! Le comité de l'association avait, en effet, écrit à ses membres une lettre circulaire :

« Vous ne vous laisserez pas fasciner par la somptuosité de la maison indochinoise. Vous vous méfierez de cette philanthropie coloniale... Vous n'accepterez rien de ceux qui nous exploitent... Dénonçons toutes les amitiés hypocrites... Combattons toutes les tentatives de corruption ! Adoptons pour mot d'ordre le boycottage de la Maison des étudiants de l'Indochine ! »

La maison fut inaugurée en présence de M. Gaston Doumergue, président de la République française, et de Sa Majesté Bao Dai, Empereur d'Annam. Devant le Président et l'Empereur, des cris de protestation furent proférés et des tracts : « Libérez les prisonniers de Yen Bay ! » lancés par les dissidents qui s'étaient glissés dans la foule des invités. L'affaire se termina au poste de police.

Comment des jeunes gens qui représentaient « l'élite qui monte » et que nous instruisions chez nous, avaient-ils pu se solidariser avec les assassins de Yen Bay ?

C'est alors que je décidai d'aller recueillir sur place quelques informations sur la situation politique de notre grande colonie asiatique.

Avant de partir, je pus obtenir quelques entrevues avec des personnages compétents. L'un me cita une phrase de Paul Bert : « Quand un peuple, pour des raisons quelconques, a mis le pied sur le territoire d'un autre peuple, il n'a que trois partis à prendre : exterminer le peuple vaincu, le réduire au servage honteux ou l'associer à ses destinées. »

Et il ne me cacha pas ses préférences pour le troisième parti.

Par contre, un autre me fit observer que la phrase annamite : *Bam quan con so qua* ! signifie à la fois : « Monsieur le mandarin, je vous respecte » et : « Monsieur le mandarin, j'ai peur de vous ! »

De ce qu'il n'y a qu'un terme unique, en langue annamite, pour exprimer la déférence et la crainte, fallait-il conclure que nous devions nous faire craindre si nous voulions nous faire respecter ?

Emportant ainsi dans mes bagages quelques avis et opinions contradictoires, je m'abstins de les déclarer à la douane en débarquant à Saïgon, car je ne savais au juste quels étaient ceux qui pouvaient entrer en franchise sur le territoire indochinois.

Pendant mon séjour, il y eut de nouveaux incidents.

Au Tonkin, en Annam et en Cochinchine, c'est-à-dire en des régions fort différentes, séparées les unes des autres par de longues journées de chemin de fer ou de voiture, on vit surgir sur les routes, des colonnes de 1500, 2000, 3000 paysans qui se dirigeaient vers la demeure du plus proche résident ou administrateur pour lui réclamer un dégrèvement d'impôts.

Quelque vingt ou trente gardes indigènes, sous le commandement d'un inspecteur ou d'un commissaire, s'efforçaient de disperser la foule. Les sommations n'étaient pas écoutées. L'inspecteur ou le commissaire ordonnait le feu... Des hommes tombaient, les autres s'enfuyaient.

Ces manifestations se produisant sous une forme identique et dans un même moment sur les points les plus divers du territoire indochinois, il apparut évident qu'une seule direction les avait organisées.

Je m'appliquai donc, au cours de mon enquête, à connaître l'organisme directeur du mouvement, à définir son origine, ses buts et surtout à comprendre les sentiments populaires auxquels il s'adressait.

J'appris que les multiples sociétés secrètes qui avaient eu jusqu'ici une activité peu cohérente, s'étaient dissoutes ; que les plus importantes d'entre elles avaient fusionné ; que le commandement unique était enfin réalisé sous l'égide d'un parti.

C'est aujourd'hui le *Viet Nam Cong San Dang* qui conduit l'action révolutionnaire.

Il est relié à Moscou, via Canton ; il reçoit des ordres et accepte la discipline de la IIIe Internationale. Mais ces ordres et cette discipline sont assez souples. Les chefs communistes savent que leurs troupes ne partagent point leurs doctrines. Ici, comme en Chine, et dans toute l'Asie, le communisme doit déguiser son drapeau. Le titre même du parti est une concession aux sentiments nationalistes de ses adhérents : ainsi que je l'ai expliqué, le mot « Viet » qui est le nom d'une des cent familles légendaires fondatrices de la nation annamite, exprime l'idée de patrie.

Viet Nam Cong San Dang... cela pourrait se traduire par « Société des Patriotes Communistes d'Annam ! »

Pour m'efforcer de découvrir un peu de vérité dans la situation politique, il me fallait donc tenir compte de ce dissentiment idéologique entre les généraux et les soldats de l'armée révolutionnaire et ne jamais oublier que ni le terme « communisme » ni la flamme rouge, ni les emblèmes de l'étoile, de la faucille et du marteau n'avaient la même signification dans les trois pays d'Annam que dans l'Union des Républiques Socialistes des Soviets.

Aujourd'hui, en évoquant cette nuit d'adieu sur le *Porthos*, le visage de mes amis français, l'absence de mes amis indigènes, en me remémorant les incidents qui ont motivé mon voyage, ceux qui ont marqué mon séjour, je distingue mieux les deux ordres de faits qui font l'objet de cette enquête :

1. L'incompatibilité d'humeur qui va s'accentuant d'année en

année entre les hommes blancs et les hommes jaunes de ce
pays ;

2. L'habile exploitation de ce dissentiment par les communistes
de la IIIe Internationale.

Vêpres de Yen Bay

Ce soir de février 1930, à Yen Bay, les officiers et les sous-officiers français de la garnison — ils sont vingt chefs blancs pour mille soldats jaunes — s'inquiétaient confusément. Il y avait eu dans la petite ville plus d'agitation que de coutume. Le train avait amené plus de voyageurs, des groupes s'étaient formés autour de la gare et, aux heures réglementaires de sortie, les tirailleurs s'étaient assemblés plus nombreux devant les tables des débits. Ce soir, le contrôleur du cinéma ne fut pas molesté par les militaires qui s'étaient habitués à payer leur place d'une menace ou d'un coup.

Les chefs blancs s'étonnaient, mais ils n'entendaient rien ! Un océan les séparait de leurs hommes : le dialecte ! Entre l'officier et la troupe, l'interprète annamite était un trait d'union précaire.

— Pourquoi tout ce monde ?

— Nous sommes au premier mois de l'année annamite, ce sont des pèlerins qui vont faire leurs dévotions à la pagode Than.

Vers 8 heures, le capitaine Gainza rentrait chez lui, lorsqu'il aperçut, sous la véranda, le sergent Vinh qui l'attendait.

— Mon capitaine, vous pas manger.

— Pourquoi ?

— Y en a poison.

Il expliqua en tremblant que tous les Européens seraient massacrés ce soir, le magasin de munitions pillé et le drapeau révolutionnaire planté sur le fort.

— Regarde-moi bien, Vinh ; toi avoir beaucoup bu.

— Moi pas saoul.

Le lieutenant Espiau survenant pour la « popote » les deux officiers décidèrent d'abandonner le dîner pour conduire leur informateur devant le chef de bataillon Le Tacon, commandant d'armes de la place.

Vinh précisa ses révélations : un rassemblement important avait eu lieu dans le petit bois des Laquiers qui se trouve au pied du mamelon du fort ; chaque tirailleur avait reçu pour la nuit sa consigne révolutionnaire.

— Toi, avoir vu rassemblement ?

— Non, mon commandant.

— Alors, comment toi savoir ?

— C'est tirailleur Taï, mon cousin ! Lui y en a moyen tout voir, tout connaisse !

Le commandant Le Tacon remercia l'indigène, puis le renvoya et expliqua aux officiers :

— Le tirailleur Taï est déjà venu me voir lui-même. Il n'y a pas un mot de vrai dans ces histoires. Taï a voulu se donner de l'importance.

On décida pourtant d'effectuer une ronde. Le petit bois des Laquiers était désert.

— Assez de sottises. Allons-nous coucher !

Chacun rentra chez soi, les officiers dans leurs maisons, les sous-officiers blancs à la caserne.

Cette nuit tragique commençait dans un grand silence. Le sergent-major Bouhier, sur son lit d'hôpital, a pu en raconter un épisode :

— J'étais rassuré, dit-il, par la confiance du commandant. Je me suis couché de bonne heure sous la véranda. Il n'y a pas de portes ; les courants d'air sont trop précieux ! Je m'étais endormi rapidement. Il devait être minuit passé lorsque quelque chose d'énorme me tomba sur le corps. Je m'éveillai en sursaut. Je criai. Des agresseurs invisibles me donnaient des coups à travers la moustiquaire où je me débattais comme un poisson dans un filet. Pas une lumière, pas une voix. Les tirailleurs étaient venus pieds nus et ils frappaient sur moi sans dire un mot. Mes mains, mon visage étant poissés de sang, je compris que mes ennemis n'étaient pas armés de bâtons mais de sabres. La barre de la moustiquaire tomba.Je m'en emparai et frappai à mon tour dans la nuit, au hasard, jusqu'au moment où je m'évanouis.

« Quand je rouvris les yeux, le jour pointait : j'étais étendu à terre, au pied du lit et je vis, penché sur moi, le visage familier de mon secrétaire, le petit Nam. Je me crus sauvé. Je me soulevai et appelai : Nam ! Nam ! » Il se leva, recula de deux pas, braqua sur moi un revolver d'ordonnance et tira trois coups de feu. Il m'avait manqué trois fois et je demeurai immobile, en pleine connaissance, n'osant ouvrir les yeux pour voir si j'étais seul.

« J'entendis la fusillade jusqu'à 7h30. À 9 heures, des camarades, qui me croyaient mort, vinrent me chercher et me transportèrent à l'infirmerie. »

La même scène s'était renouvelée cette nuit dans tous les logements des chefs ; tous avaient été surpris dans leur sommeil et partout les coupe-coupe, les sabres avaient frappé dans les moustiquaires.

L'action avait commencé à 1 heure du matin. Deux groupes d'Annamites civils s'étaient présentés, l'un au fort, l'autre à la caserne. Deux compagnies de tirailleurs étaient logées dans chacun de ces bâtiments.

Les portes s'ouvrirent spontanément.

Sur l'ordre des révolutionnaires, un clairon sonna la « générale ». Le règlement prévoit qu'aussitôt l'alerte donnée le sergent français, chargé du magasin, doit distribuer aux tirailleurs armes et munitions. Ainsi fut fait. Et le sous-officier fournit ainsi des fusils, des revolvers, des cartouches à ceux qui allaient l'assassiner.

Quelques instants plus tard, le lieutenant Robert était massacré dans son lit, sous les yeux de sa femme. L'adjudant Cunéo mourait sans avoir pu se défendre ; les sergents Chevalier et Damour, moins heureux que Bouhier, ne se relevaient pas.

D'autres, l'adjudant Trotoux, le sergent-chef Deschamps, les sergents Hurugen et Reynaud, avec Mme Reynaud, s'étaient barricadés dans des chambres et résistaient jusqu'au matin aux mitrailleuses. Le capitaine Jourdan, dans la cour du fort, criait à ses hommes l'ordre de rassemblement ; une fusillade lui répondait et il tombait. Le capitaine Gainza était blessé à ses côtés.

Les tirailleurs de Yen Bay étaient les maîtres de la nuit.

Mais le jour leur fit peur... Beaucoup d'entre eux furent étonnés d'apercevoir à l'aurore des officiers français vivants. Ils se présentèrent à eux, montrèrent leurs fusils intacts.

— Il y en a pas poudre... Nous pas tirer...

Ils avaient, disaient-ils, été armés de force.

Ainsi les rebelles de la nuit se transformèrent le matin en défenseurs de l'ordre. Obéissant à leurs chefs rescapés, ils reprirent sous le soleil, pour le compte de l'autorité régulière, les bâtiments dont ils s'étaient emparés sous les étoiles, au profit de la révolution.

Pour bien comprendre la portée et la signification de la nuit de Yen Bai, il ne faut point isoler ce drame.

D'autres événements l'ont précédé, d'autres l'ont suivi. Ce sont les maillons d'une seule chaîne. On doit savoir que tout a été organisé avec intelligence et méthode par l'une des plus importantes sociétés secrètes : le « parti nationaliste annamite » qui est puissant, riche et invisible.

Pour ne remonter qu'à un an, il faut rappeler que, le 7 janvier 1929, un attentat fut découvert contre la vie de M. le gouverneur général Pasquier, arrivant à Hanoï. Le 9 du même mois, M. Bazin, directeur de l'Office général de la main-d'œuvre était assassiné. On trouvait sur son cadavre un manifeste des meurtriers contre l'impérialisme français. Le 31 mai, deux jeunes filles indigènes, accusées de trahison par le parti, étaient poignardées. En mars : grèves à Hanoï, à Haïphong, à Nam Dinh. Le 1er août, des tracts révolutionnaires étaient semés à profusion dans les villes et les villages de l'Annam, du Tonkin et de la Cochinchine. Le 3 septembre, trois affiliés étaient tués dans une paillote de My Diem par l'explosion de bombes qu'ils préparaient. Le 6 octobre, un « traître du parti » était exécuté dans le Jardin botanique d'Hanoï. Le 20 novembre, on découvrait cent cinquante bombes au village des Sept-Pagodes ; le 23 décembre, cent cinquante bombes à Noi Vien ; le 26, deux cent quatre-vingt-dix bombes à Thai Ha. Le 10 janvier, on déterrait à Bac Ninh des jarres pleines de tracts révolutionnaires. Le 20, on arrêtait un forgeron fabriquant des sabres, et les jours suivants on récoltait encore des bombes par centaines dans un grand nombre de villages.

Enfin, pendant que s'achevaient, le 10 février, les vêpres de Yen Bay, l'incendie révolutionnaire était allumé dans plusieurs centres du Tonkin : à Hung Hoa, à Lan Thao, Hanoï, Phu Duc, Vinh Hoa...

Ici, la gendarmerie est attaquée à coups de grenades ; là, l'instituteur et sa femme refusant de suivre les rebelles, sont fusillés. À Lan Thao, la maison du chef indigène est livrée aux flammes, la milice désarmée. Sur le pont Doumer, à l'entrée d'Hanoï, un sous-brigadier de police arrêtant une voiture est abattu à coups de revolver. Deux villageois qui poursuivent l'assassin payent de leur vie leur dévouement. À Hanoï, vingt bombes sont lancées sur le domicile du chef de la sûreté, sur la prison, sur la gendarmerie, au commissariat central, par des élèves de l'École des Arts Appliqués.

Les jours suivants, l'administrateur indigène de Vinh Bao tombe percé de plusieurs coups de lance ; le poste est pillé par les révolutionnaires...

Depuis lors, le « parti nationaliste annamite », d'accord avec les autres sociétés secrètes, n'a cessé de manifester son activité. À l'occasion du 1er mai, mille indigènes ont tenté l'assaut de la Société forestière des allumettes de Ben Thuy et ont laissé cinq morts et quinze blessés sur la place. Le 4 mai, dans le canton de Catgnan, des villages ont été pillés, des Annamites fidèles à la France ont été assassinés. Le rétablissement de l'ordre a coûté encore vingt morts et trente blessés...

J'ai rassemblé ces faits parce qu'il est impossible de les disjoindre et qu'ils ne sauraient avoir de sens isolément.

On doit savoir, dans la métropole, que la France d'Asie, l'Indochine, serrée par l'Inde en feu et la Chine en feu, ne peut demeurer un bloc de glace entre deux foyers d'incendie.

Quelque chose se passe sur cette terre déjà marquée de notre sang et des bienfaits de notre génie. De Bombay à Nankin, une même fièvre se gagne et nous sommes au centre de l'épidémie.

En 1929, aux Indes néerlandaises, il ne se passait point de jour qu'un fonctionnaire hollandais ne fût assassiné. Le feu couve à Singapour, aux Philippines, à Formose, en Égypte...

Aura-t-on tout expliqué en disant : ce sont des pirates, ce sont des fous ?

Il faut comprendre.

Je vais m'efforcer de comprendre.

Quinze cents hommes silencieux...

Vinh, mai 1930.

L'Inde a la fièvre, la Chine a la fièvre. Je voudrais tâter le pouls de l'Indochine.

Je suis parti en auto, par de belles routes françaises, dans un grand paysage d'Asie et je suis arrivé ce matin à Vinh, capitale de province, où la révolte couve depuis plus de mille ans, pour éclater parfois, de siècle en siècle, contre les maîtres chinois d'abord, contre les maîtres annamites ensuite, et, tout récemment, contre les maîtres français.

J'avais passé par le joli village de Yen Dung, sur la promenade dite du Bois-de-Boulogne et devant la citadelle aux trois portes. Partout, les paysans et les coolies, en file indienne comme les fourmis, portaient en balance sur une épaule, aux deux bouts d'une perche, des cochons noirs ficelés vivants, des jarres d'eau ou de paddy, des fagots de bois. Les buffles bossus, sortis gluants de la rizière, couraient sur la route, menaçant de leurs larges cornes le capot de la voiture. Un minuscule enfant nu, leur gardien, les ramenait d'un mot ou d'un geste.

Je traversai Ben Thuy et j'aperçus près du port fluvial l'ancien « Camp des Lettrés » devenu champ d'aviation, les vastes bâtiments de l'usine d'allumettes semblable à n'importe quelle fabrique de la banlieue parisienne. Enfin, m'apparut le quai planté de filaos, la résidence, l'hôtel...

Centre d'agriculture et centre d'industrie, Vinh semblait avoir repris, depuis vingt jours, sa vie laborieuse. À la première auscultation, je lui trouvai un cœur normal.

Était-ce bien ici que venait de gronder la dernière révolte : quinze cents insurgés marchant sur l'usine, cinquante miliciens tirant sur eux, des morts et des blessés dans les fossés du chemin ?...

Cela valait une seconde auscultation.

À mieux écouter, j'entendis que le cœur ne battait pas régulièrement. Un fonctionnaire français entrait dans le bureau du directeur de l'hôtel et lui disait :

— Vérifiez si votre téléphone n'est pas coupé... Il y a des

rassemblements !

Puis il courait au magasin d'alimentation et prévenait le commerçant :

— Ne laissez pas d'essence dans votre voiture. Elle pourrait être utilisée par les révolutionnaires... Il y a des rassemblements !

« Rassemblement » : le mot était prononcé bas avec une sorte de crainte.

— Où sont-ils ?

On me montra de jeunes hommes à tunique noire qui se dirigeaient, silencieux, vers je ne sais quel but. Un Européen haussa les épaules :

— Ça, des conspirateurs !

Mais un autre lui répondit :

— Ne vous y fiez pas !

La journée se termina sans incident et je pus utiliser mon après-midi à reconstituer le 1er mai tragique.

J'entendis les uns et les autres... le directeur de Ben Thuy, M. Canaby, et un des manifestants que j'appellerai Phan Kau... Les deux récits ne sont pas toujours discordants.

Voici le premier :

« On constatait depuis quelques semaines une agitation sourde. Les rassemblements, les réunions de comités se multipliaient. Des tracts étaient, chaque matin, distribués aux ouvriers.

« Vous ne mangez pas. Votre salaire ne paye pas votre nourriture. Vous êtes écrasés par l'impôt. En l'honneur du 1er mai, révoltez-vous.

Révoltez-vous contre ceux qui ont prononcé des condamnations à mort. »

La société forestière a plusieurs formes d'activité. Elle exploite le bois dans la campagne et fabrique des allumettes à Ben Thuy. Elle occupe environ sept cents hommes. À l'usine, les salaires masculins moyens étaient de trente sous par jour et les salaires féminins de vingt sous. Le riz ayant passé de dix sous le kilo à dix-sept sous, le directeur avait pris, d'accord avec M. le Résident, diverses mesures qui équivalaient au rajustement de la paye aux conditions de la vie. Les ouvriers réclamaient une augmentation de six sous ; on avait fait mieux. On leur vendait chaque jour un kilo de riz à l'ancien tarif. C'était, en fait, leur donner un sou de plus qu'ils ne demandaient.

La manifestation ne pouvait donc avoir aucun prétexte d'ordre économique et professionnel. Le 1er mai, à 6 heures du matin, pas un seul homme ne manquait au travail.

Mais la résidence avait été prévenue que dans la nuit du 30 avril, des rassemblements se formaient dans la campagne. Une nuit sans lune. Les révoltes se préparent toujours dans la nuit sans lune. Les conspirateurs se tiennent accroupis dans les rizières, dans les bois, dans les fossés. Il est impossible de les voir.

Ainsi, la police alertée avait battu vainement les champs et les forêts. Au premier rayon du soleil, quinze cents hommes avaient surgi de la terre. Ils s'étaient formés en colonne et marchaient sur Ben Thuy.

Qu'étaient-ils ? Pas d'ouvriers de l'usine parmi eux. D'où venaient-ils ? De tous les villages. Que voulaient-ils ? On ne pouvait le savoir.

Quinze cents hommes silencieux, sans drapeaux, sans insignes, sans pancartes. Ils marchaient en bon ordre et leurs moniteurs les faisaient ranger sur un côté de la route pour laisser la place libre à la circulation des voitures. On n'entendait rien que leurs trois mille pieds nus frappant le sol.

À la même heure, une autre colonne, grosse de deux mille manifestants, muets, allait du même pas tranquille vers le village de Catgnan. On ne savait rien non plus de leurs intentions.

Dans ce pays, depuis longtemps, le Français et l'Annamite sont séparés par un mur de silence.

On fit appel aux miliciens indigènes, pour barrer le chemin aux manifestants.

La milice est une sorte de gendarmerie locale aux ordres de l'autorité civile ; elle est composée de braves gens dévoués et dirigés par des inspecteurs français.

M. l'inspecteur Petit, à la tête de ses cinquante miliciens armés de fusils, arriva donc sur la route. Il s'était fait accompagner du *tri phu* (le mandarin administrateur) qui lui servait d'interprète.

À mi-chemin, entre Vinh et Ben Thuy, fut faite la première sommation :

— Ordonnez-leur de se disperser, sans quoi nous ouvrons le feu !

Le mandarin traduisit. Les premiers rangs flottèrent quelques instants. Ceux qui étaient trop loin pour entendre poussèrent. Et la colonne continua sa marche, sans un mot, sans un cri.

Cinq cents mètres plus loin, M. Petit fit faire la seconde sommation. La colonne ne s'arrêta pas.

Enfin, elle arriva en vue de l'usine.

Derrière les grilles, sur le perron de la direction, se tenaient les chefs d'ateliers, les quelques commerçants français de la ville. On entendit M. Petit crier une troisième fois :

— C'est sérieux ! Les fusils sont chargés ! Si l'on ne se disperse pas tout de suite, je tire dans le tas !

Pour appuyer ses paroles, il montrait son revolver.

Le *tri phu* répéta la menace.

À ce moment, quelques miliciens furent débordés par la foule, une baïonnette tomba et fut ramassée par un meneur. Dans la bagarre, M. l'inspecteur Petit fut légèrement blessé à la main.

Que fallait-il faire ? Que voulait cette foule ? On pensa qu'elle allait désarmer la milice.

Entre les mains de ces hommes énigmatiques, cinquante fusils... Ce pouvait être grave !

N'allait-on pas s'emparer de l'usine ? Les ouvriers qui continuaient encore paisiblement leur travail n'attendaient-ils pas un signal pour se ranger dans la colonne ?

Le drame de Yen Bay fut évoqué. Dans quelques instants, ce pouvait être l'usine en feu, les Français massacrés...

M. Petit tira le premier ; les miliciens tirèrent. On entendit des cris, on vit des hommes tomber, la face contre terre, d'autres courir durant quelques mètres et tomber, d'autres s'enfuir dans les champs, sauter les fossés.

En quelques minutes, la manifestation était terminée. On releva cinq morts et quinze blessés.

À Catgnan, où la milice n'arriva que le surlendemain, la même scène se répéta et les manifestants laissèrent sur le sol seize morts, vingt-cinq blessés. Il faut reconnaître qu'on ne trouva pas sur eux une seule arme.

À la réflexion, l'évocation du drame de Yen Bay ne s'imposait pas. Là-bas, tout s'était passé en secret ; on avait opéré par surprise. Ici, les « conspirateurs » se montraient au grand jour. Là-bas, chaque tirailleur avait un coupe-coupe, un sabre ou un pistolet ; ici, pas un couteau de poche...

***

Le second récit de l'émeute de Ben Thuy m'a été fait par M. Phan Kau, dans une paillote de bambou et de terre, sur la natte d'un lit dur, devant l'autel des ancêtres. Aux murs, sur des tablettes laquées, quelques formules rituelles étaient inscrites en caractères mandarins ; au plafond pendaient quelques ballons de papier verts, rouges et or, souillés par la poussière et les mouches.

Le thé nous fut servi à mon interprète et à moi. M. Phan Kau est agriculteur ; il a trois buffles, une rizière et deux ou trois cents canards...

— Que dit-il ?

L'interprète me traduisit :

— Il dit que M. Petit s'est blessé tout seul en faisant des moulinets avec un fusil. Il dit que la baïonnette du milicien est tombée toute seule et que personne ne l'a ramassée.

— Pourquoi se trouvait-il parmi les manifestants ?

— C'est un de ses cousins qui lui a demandé de venir avec lui.

— Quel était le but de la manifestation ?

— Il dit que le 1er mai est une journée de revendications dans le monde entier.

— De quoi se plaint-il ?

— Le mandarin coûte trop cher. Chaque fois qu'on a quelque chose à lui demander, on lui offre une boite de thé avec des piastres dans le thé. Il vend le thé, il garde les piastres. Le mandarin demande des canards et du riz ; le mandarin est très riche et tous les paysans travaillent pour lui.

— Pourquoi se dirigeait-on sur l'usine de Ben Thuy ?

— Parce que les ouvriers sont encore plus malheureux que les paysans.

— N'était-ce pas contre le résident, contre la France que l'on manifestait ?

— Il dit que les drapeaux ont été interdits ; qu'on avait défendu de pousser un cri. On leur avait encore défendu d'emporter même un bâton. On leur avait assuré qu'ainsi les miliciens ne pourraient tirer sur eux.

— Qui lui a dit cela ?

— C'est son cousin.

— Qui l'a dit à son cousin ?

— Il ne sait pas. Il ne connaît personne.

Phan Kau est discret, mais il peut véritablement ne connaître personne. Le délégué du parti s'est adressé à son cousin et lui a demandé d'entraîner ses parents, ses amis. Le délégué lui-même ne connaît que son chef de cellule. Le chef de cellule ignore le nom des grands chefs.

Quel parti ?

Il y en eut plusieurs. Les sociétés secrètes furent nombreuses dans ce pays. S'agit-il du « parti révolutionnaire du Nouvel Annam », du « parti nationaliste annamite », du « parti de la Jeunesse révolutionnaire », du « parti annamite de l'indépendance » ou, enfin du *Viet Nam Cong San Dang* ?

On m'a promis de me confier, autant qu'il se peut, quelques secrets. Je connais quelques relais, quelques centres de propagande installés dans les villes, sous la façade d'un magasin ou d'un atelier de photographie. On me dispensera du serment et de signer avec mon sang jailli d'une piqûre au doigt. Mais je sais déjà que les « frères » se désignent l'un à l'autre en enlevant chacun son chapeau ou son turban et en se lissant les cheveux ; qu'un affilié en mission se présente au comité exécutif en se passant la main sur le front ; qu'on signale une surveillance policière en se caressant le cou de la main droite.

Je ne me déguiserai pas. Je ne verrai que ce qui peut être vu. Je ne saurai pas tout.

C'est dans le *Viet Nam Cong San Dang* qu'il faut chercher la clef des événements de Yen Bay, de Vinh et d'ailleurs.

Il faut savoir qu'il constitue déjà une solide armature révolutionnaire.

Par lui se canalisent les mécontentements particuliers contre les abus des mandarins, l'augmentation des prix du riz, l'insuffisance des salaires ou l'exagération de l'impôt. Par lui s'exaltent le sentiment d'indépendance des jeunes gens, les idéalismes sociaux des étudiants annamites qui ont acheté chaque matin librement leur journal communiste dans un kiosque du boulevard Saint-Michel. Par lui s'exploitent les inondations, les épidémies, les famines.

On a manqué de riz au Tonkin. Quelques squelettes vivants m'ont tendu la main, au passage des fleuves, sur le ponton du bac.

Je leur demandais :

— Pourquoi, toi, beaucoup maigre ?

Ils me répondaient :

— Moi, pas manger !

Cependant les jeunes révolutionnaires sont souvent les fils d'opulents bourgeois ; leurs pères exploitent d'immenses rizières. Ils ont, pour transporter les tracts moscovites, des limousines françaises de grande marque.

La fièvre indochinoise parait avoir une forme complexe.

Le diagnostic est difficile.

Affiliation

— Pham !

— Voilà, monsieur !

— Quand vous ne pouvez pas me lire, vous feriez mieux de me consulter !

— Vous n'étiez pas là !...

— Remettez ça au net. Le télégraphe nous ferait des malheurs.

— Bien, monsieur !

Mon petit dactylographe aux mains fines, au visage enfantin s'inclinait, s'emparait de la dépêche surchargée de ratures, et s'apprêtait à la recopier.

— Tu as du thé ?

Il m'arrivait par inadvertance de le tutoyer comme un boy. Je me reprenais, je m'observais pour ne plus recommencer, car j'étais certain, quoiqu'il ne bronchât pas, de lui faire de la peine et de retarder, par cette maladresse, le moment que j'attendais...

J'aimais boire le thé vert sans sucre qu'il préparait pour son usage et qu'il conservait chaud en serrant la théière dans un panier de paille capitonné...

Le moment que j'attendais...

Je l'attendais depuis six, huit, dix semaines ; je consultais déjà les avis des Messageries Maritimes, les dates de départ de paquebots. Il fallait songer au retour !

Depuis six, huit, dix semaines, Pham tapait mes dépêches, mes notes, mes lettres, me cédait un peu de sa boisson chaude, s'obstinait à n'être qu'un dactylo et — je puis le dire aujourd'hui sans le désobliger — un mauvais dactylo !

Mais Pham était bien autre chose ! C'était pour autre chose que je l'avais engagé. C'était pour autre chose qu'il s'était engagé.

La situation dans laquelle nous nous trouvions tous deux, vis-à-vis l'un de l'autre, M. Pham Binh et moi, devenait de jour en jour plus complexe, plus délicate, et — comment dirai-je ? — plus asiatique !

Nous avions une relation commune, M. Dao.

M. Dao, bourgeois tranquille, ne voulait pas se mêler des choses de la révolution et feignait d'ignorer — quoi qu'il le sût — que son jeune neveu Pham s'était assez compromis dans le « parti » pour avoir eu affaire à M. le commissaire, et assez compromis avec M. le commissaire pour être devenu suspect au parti.

Cela voulait dire en bon Annamite que le neveu Pham pouvait être trouvé quelque matin dans une allée du jardin botanique d'Hanoï ou sur un quai d'Haïphong avec trois balles dans la nuque et un petit papier épinglé sur son *cai quan* : « Exécuté le... par les sicaires de la section locale du Tonkin ».

Puisque je désirais m'instruire de quelques mystères du *Viet Nam Cong San Dang*, M. Dao avait pensé que son neveu pourrait satisfaire ma curiosité si je parvenais à lui inspirer confiance. Il espérait qu'en retour j'obtiendrais de la Sûreté qu'elle autorisât le jeune homme à partir pour la France, car jusqu'ici, la police, désirant surveiller son otage et peut-être l'utiliser, lui avait refusé un passeport.

M. Dao avait donc été forcé de me donner les bonnes raisons qui me pouvaient décider à engager et à conserver auprès de moi un secrétaire incompétent, mais il n'avait point révélé à l'intéressé cette indiscrétion. Pham Binh en eût été effrayé.

Et, Pham Binh se réservait de me confier ou non son secret redoutable, selon qu'il me jugerait capable ou incapable de le trahir.

Nous en étions là :

Lui, hésitant à me dire ce que je devais savoir pour lui apporter aide et protection. Moi, n'osant lui dire que je le savais, dans la crainte de paraître trop averti et de le rendre définitivement muet.

— Voilà, monsieur !

Il me remit la copie rectifiée. Je me résolus aujourd'hui à brusquer les choses, au risque de compromettre une précieuse documentation.

— Mon séjour ici sera court... Il va falloir nous séparer. Ça ne vous dirait rien de venir à Paris ?

Pauvre Pham ! Il s'exprimait correctement en français, mais il pensait en annamite, et lorsqu'il était ému, sa phrase reprenait une tournure locale :

— En parlant ainsi, me dit-il, vous faites souffrir mon cœur.

Puisqu'il est aujourd'hui à l'abri de la vengeance de ses anciens amis, non pas en France, mais quelque part, hors d'Indochine, dans la vaste Asie, je peux rapporter sans danger pour lui sa banale aventure. Il me la raconta au jour le jour avec des mots vrais. Et ce qui donnait plus de vérité encore à son récit, c'était l'effroi perpétuel où il vivait, la peur de mourir si jeune dans la nuit sans même avoir aperçu le visage de son meurtrier.

— À force d'aller la nuit, je finirai bien par rencontrer un revenant !

J'évoquerai donc le jeune étudiant à l'école du boulevard Bonnal de Haïphong, dissimulant l'évangile révolutionnaire de Pham Hong Thai dans la couverture d'une innocente brochure en *quoc-ngu* de M. le recteur Thalamas ; j'écouterai ses conversations exaltées avec un grand condisciple sur la route de Do Son, j'analyserai ses premiers sentiments d'amour et de haine qui hâtaient les battements de son cœur ; l'attrait du mystère de la société secrète, l'orgueil de porter un grand destin, d'accepter une discipline...

Un jour, dans un « compartiment » de la ruelle Dong-Mon, devant une assistance où, seuls, les visages de ses deux parrains lui étaient connus, il jura :

— Je suis affilié au *Viet Cong San Dang*. J'accepte, si par trahison ou maladresse, je révèle les secrets du parti, d'être puni selon les règles...

Dès cet instant on lui donna un surnom et un chef ; il appartint à une puissance invisible.

D'abord agent dans une cellule ouvrière, il reçut des instructions brèves et précises d'un délégué de la section locale qui changeait souvent de nom et d'adresse...

Pour l'intelligence du récit, j'anticiperai sur l'initiation révolutionnaire de M. Pham Binh et je tracerai tout de suite le plan général du *Viet Nam Cong San Dang...*

Chaque année, les affiliés du parti (qui rayonne, non seulement sur les trois pays annamitiques, mais aussi sur le Siam et dans deux provinces de la Chine méridionale) désignent au scrutin, dix-sept délégués au congrès national.

Les « dix-sept » se réunissent, soit à Shanghai, soit à Canton ou dans toute autre ville chinoise et nomment les membres permanents du *Tong Bo,* ou section centrale dont le siège est à Canton : deux directeurs chargés des affaires générales, cinq directeurs s'occupant de divers départements intérieurs, deux suppléants.

Ce conseil des ministres exerce le gouvernement général par l'intermédiaire de cinq gouvernements locaux ou *Ky Bo,* au Tonkin, Annam, Cochinchine, Chine et Siam.

Chaque *Ky Bo* qui demeure autonome, commande deux organismes, l'un professionnel, l'autre territorial.

L'organisme professionnel groupe quatre syndicats généraux : syndicat des ouvriers, syndicat des paysans, syndicat féminin, syndicat d'étudiants. Chacun de ces divers syndicats exerce son autorité par l'intermédiaire des *Phan* ou cellules d'entreprise. Chaque *Phan* contrôle les *To* ou *Nids,* dans les usines, manufactures, exploitations agricoles, lycées, etc, etc...

L'organisme territorial comprend un *Tinh Bo* ou *Section provinciale* pour chaque province. Chaque *Tinh Bo* donne ses instructions à toutes les préfectures et sous-préfectures qui ont chacune leur *Huyen Bo* ou leur *Thanh Bo.* Chaque *Thanh Bo* forme une cellule, ou *Chi Bo,* par commune. Chaque commune crée des *Nids* ou *To,* des sortes d'escouades de cinq affiliés.

Naturellement, les hommes du *To* ignorent tout ou presque tout. À peine connaissent-ils le délégué du *Chi Bo* ou du *Phan* qui leur apporte des instructions et recueille leurs cotisations. Il en est de même pour les membres du *Chi Bo* qui ont affaire uniquement à un délégué du *Huyen Bo,* etc..., etc...

Si l'on ajoute que chaque délégué a plusieurs noms, parfois dix, quinze, et même vingt, et que les sièges des diverses sections se transportent de rue en rue, d'appartement en appartement, et n'ont jamais une adresse stable, on comprendra que le *Viet Nam Cong San*

Dang est véritablement une société secrète !

C'est dans ce labyrinthe qu'était entré, avec un bandeau sur les yeux et par la porte étroite, le jeune Pham Binh, mon petit dactylographe aux mains fines, au visage enfantin, après avoir prononcé le serment tragique aux termes duquel il acceptait d'être condamné à mort, non seulement pour une trahison, mais pour une maladresse involontaire qui eût compromis la sécurité de ses compagnons...

L'Évangile de Pham Hong Thai

Chaque année, le 19 juin, dans la banlieue de Canton, devant une tombe dont la stèle s'élève en bordure de la route des Nuages Blancs, sur le tertre même du mausolée consacré à la mémoire des soixante-douze héros de la révolution chinoise, est célébré l'anniversaire de l'assassinat de cinq Français par un Annamite.

— Pieux hommages à la mémoire de nos malheureux compatriotes...

— Non ! Ce n'est point la tombe des victimes qui est fleurie et honorée... C'est la tombe du meurtrier.

— Que dites-vous ?

— Depuis l'année 1925, des jeunes gens et des jeunes filles du Tonkin, d'Annam, de Cochinchine, protégés ou sujets français, accomplissent un étonnant pèlerinage. Ils vont en Chine, nation amie de la France, pour célébrer le souvenir de l'étudiant tonkinois Pham Hong Thai qui, le 19 juin 1924, voulant atteindre M. Merlin, gouverneur général de l'Indochine, en voyage à l'étranger, tua d'une bombe, au cours d'un banquet, cinq convives français dans une salle de l'hôtel Victoria, à Chamine.

La tombe en forme de dôme et qui ressemble à un puits couvert, tel qu'on en trouve encore au bord de nos routes provençales, porte d'un côté, gravée dans la pierre, cette simple inscription : *Au héros annamite Pham Hong Thai* et de l'autre, cette longue épitaphe :

« Pham Hong Thai, originaire du Tonkin, appartenait à une famille de lettrés. Les Français ayant asservi l'Annam instituèrent des examens pour leurrer le peuple et le maintenir dans l'ignorance. Pham s'en indigna. Il quitta ses études pour s'adonner au travail manuel et fut admis comme chef d'équipe dans un atelier. Le despotisme du gouvernement français et les vexations de ses représentants l'exaspérèrent.

C'est alors que les patriotes s'organisèrent et s'assurèrent le concours de Pham en vue de fomenter une révolution. Deux partis furent formés, poursuivant le même but par des moyens différents : le premier travaillait à soulever les troupes du Tonkin, de l'Annam et de la Cochinchine pour expulser les Français installés dans le pays ; le deuxième complotait la perte des chefs militaires et des mandarins cruels qui tyrannisaient le peuple. Pham approuvait les desseins du premier parti. Mais il estimait que seule la violence pouvait terroriser l'ennemi et exalter le peuple. En conséquence il s'affilia au deuxième parti et prépara la mise à exécution de son plan.

Ayant appris que le gouverneur général Merlin se rendait au Japon, à Shanghai et à Canton, Pham se munit d'un revolver et d'une bombe, et suivit M. Merlin au Japon et à Shanghai dans le but de l'assassiner. Mais ce fut en vain, car, partout, la police se montra zélée et vigilante. C'est alors que Pham alla à Canton, où il résolut de ne pas différer la perte du gouverneur.

Sachant que M. Merlin présiderait un banquet offert par les Français à l'hôtel Victoria, Pham dit à un de ses amis : *Je ne puis affirmer que je réussirai, mais je jure de ne jamais tomber vivant entre les mains des Français. Je vous prie de faire connaître au monde le but que poursuit notre parti afin que les Français ne se méprennent pas et ne massacrent pas injustement les innocents.*

Le 8 du sixième mois, à huit heures du soir, Pham se rendit à l'hôtel Victoria. Il réussit à pénétrer dans la salle de danse.

Au même instant une explosion formidable retentit : des hommes et des femmes déchiquetés gisaient sur le parquet, Pham ricana et dit : *Je puis mourir car mon œuvre est accomplie.* Puis il alla se précipiter dans la rivière, où il trouva la mort. Les habitants de Canton glorifièrent son exploit, repêchèrent son corps et l'inhumèrent sur le flanc du coteau Nhi-Von-Cuong.

Sa tombe a été orientée sud-ouest pour que son âme soit éternellement dirigée face à son pays natal.

Ceci a été écrit pour perpétuer la mémoire de Pham : Stèle érigée un jour faste du premier mois de la quatorzième année de la République chinoise. »

En tête du document lapidaire, on peut lire :

« Épitaphe dédiée au héros Pham, de l'Annam, par Ho Yen, de Pien Ngung. »

Je ne crois pas inutile de noter que Ho Yen est le surnom familier de M. Hou Han Min, qui exerçait à l'époque de l'attentat la fonction de gouverneur de la province de Canton.

Cette signature donne au monument son caractère officiel.

La relation succincte de la vie du « héros » et de son geste que je viens de transcrire est plutôt légendaire qu'historique. Je crois que Pham, poursuivi, tenta de s'échapper, se jeta dans le canal, nagea et se noya... Les Européens de Chine tiennent beaucoup à ce qu'il y ait eu fuite et non suicide. Mais en l'occurrence l'histoire importe moins que la légende.

La légende, c'est celle d'un jeune homme au beau visage qui a sacrifié sa vie pour bouter l'étranger hors du territoire et qui eût pu accomplir le grand destin du pêcheur Lê fondateur de la dynastie, ancêtre de quinze empereurs. L'imagerie populaire diffuse clandestinement la figure de Pham. Dans les lycées, les écoles, les ateliers, des jeunes gens, des enfants même cachent des brochures où sont relatées la vie et la mort du « patriote » assassin.

Voici un petit livre avec la reproduction du tombeau, le détail de la stèle, la valise où était enfermé l'engin explosif, enfin la salle de l'attentat avec cette légende :

« C'est ici, lors du passage du gouverneur général Merlin qui est de la race des chiens et loups qu'une bombe, en éclatant, a terrifié l'âme impérialiste et que le coup porté avec un calme admirable, Pham Hong Thai s'est jeté dans le Chan-Giang. »

Le bréviaire contient aussi des sentences et des conseils :

« Sentence. — La vie de Pham Hong Thai fut courte mais elle sera rendue infiniment longue par le souvenir du glorieux sacrifice qu'il s'est imposé.

Conseil. — Comment devons-nous célébrer la fête commémorative de Pham Hong Thai ?

Au lieu de lui offrir des mets, des fleurs, des baguettes d'encens, nous devons réfléchir sur son exemple, imiter son courage et son esprit de sacrifice pour accélérer la marche de la révolution et affranchir notre pays et notre peuple du joug de l'esclavage. »

C'est un des lecteurs de cette brochure que je me propose de suivre, d'Hanoï à Canton et retour, à travers les diverses phases de l'initiation, de l'affiliation, de l'éducation, de l'action révolutionnaires.

Sans doute, les quelques centaines de pèlerins de Nhi Von-Cuong ne sauraient prétendre représenter les dix-sept millions de paysans, d'ouvriers, de bourgeois, de mandarins qui peuplent les pays d'Annam.

Mais n'oublions pas — n'oublions jamais ! — qu'au pays d'Annam dont la capitale est un mausolée, les morts commandent aux vivants, les maisons se groupent autour des tombeaux !

Sur la route des nuages

Le jeune Pham Binh avait dix-huit ans, bonne instruction, bonne figure. Son père possédait une suffisante fortune... Il n'y a pas là de quoi faire un révolté.

Et pourtant ce jeune homme à qui le destin promettait d'être aimable, refusait le destin... Pourquoi ? Comment celui-là et d'autres — c'est-à-dire, selon l'expression d'un vieux Français d'Indochine, « les élites qui montent » — pouvaient-ils ainsi débuter dans la vie par un renoncement ?

La famille de Pham Binh habitait Hadong, résidence d'un éminent *tong doc* ami de la France, jolie ville assez près de la capitale administrative pour que les Européens y puissent venir en voiture le soir, entre six et huit heures, assez loin pour conserver sa physionomie tonkinoise.

Il avait deux mères : la sienne et la première épouse de son père. Celle-ci n'avait mis au monde que des filles et Pham, quoique né d'une concubine, devait être un jour le chef du culte, le maître de la maison.

J'ai vu M. Hung Binh, le père, un vieillard à longue barbiche pointue. Il est cérémonieux et doux ; s'il rencontre dans la rue un homme blanc, il descend du trottoir et s'efface contre le mur pour lui céder le pas et marquer sa déférence selon la coutume d'autrefois. Il ne parle pas français, mais connaît quelques milliers de lettres chinoises, c'est-à-dire quelques milliers d'idées et de choses qu'il enseigna lui-même à son fils jusqu'à l'âge de treize ans.

Pham vécut l'existence paisible des adolescents que j'ai rencontrés le soir sur la route dans ce joli paysage. Sveltes, souples et fragiles en leurs tuniques de voile noir, pieds nus dans les sandales vernies, la tête serrée du turban ou coiffée du casque européen, ils vont lentement, sans but, en promenade, la main dans la main d'un ami. Une auto s'arrête, un monsieur en spencer, une dame en robe de Paris se dirige vers le dancing de la Pagode... Les paysans en longue file, comme des fourmis, portant en balance sur l'épaule, à chaque extrémité d'un bambou, de menus fardeaux, reviennent de la rizière éternelle.

M. Hung voulait que son fils fût bachelier. Il l'envoya à Hanoï, à l'école Quang Van, puis à Haïphong, au collège du boulevard Bonnal.

L'étudiant apprit à écrire l'annamite en caractère *quoc ngu* et s'initia à la langue française.

Dans les cours des collèges de ce pays l'Européen, habitué à la turbulence de nos écoliers, s'étonne d'assister à des récréations pensives. Les petits hommes au visage grave forment des groupes et parlent sans éclats de voix ni de rire. À cette époque, l'approche du surveillant interrompait les conversations, provoquait des gestes furtifs :

— Nam ! donne-moi le papier que tu viens de cacher dans ton *cai quan* !

Nam, avant de se laisser fouiller, déchirait le papier. Le professeur reconstituait le titre d'une brochure ou d'un journal tiré à la polycopie : *Hon Nuoc* (L'Âme Nationale), *Hoc Sinh* (L'Étudiant), *Tia Sang* (L'Étincelle).

Ainsi Pham et Nam, et Hai, et Bui, et Vinh, et les autres, qui lisaient en français l'histoire de Jeanne d'Arc et les discours de Danton, apprenaient en *quoc ngu* la légende des sœurs Trung ou les pamphlets de Nguyen Ai Quôc (Nguyen le Patriote).

— Donne-moi ce papier !...

Sur ce journal clandestin, en date du 7 mai, Pham avait pu lire :

« Demain dimanche, 8 mai, aura lieu la Fête nationale de Jeanne d'Arc.

Jeanne d'Arc avait sacrifié sa vie pour sa patrie ; elle avait repoussé les invasions anglaises.

Non seulement le nom de l'héroïne figure dans l'histoire de son pays mais encore une fête nationale est célébrée chaque année en son honneur. Voilà ce que fait la France pour perpétuer le souvenir de ses héros.

Et nous autres, Annamites, qu'avons-nous fait ?

Tout le monde sait que les deux sœurs Trung avaient chassé To Dinh et repoussé les attaques de l'armée chinoise commandée par Phuc Ba.

Les deux sœurs Trung sont nos héroïnes parce qu'elles ont sauvé notre pays. Une pagode a été édifiée en leur honneur au village de Dong Nhan où est célébrée chaque année une fête. Mais c'est une fête locale, particulière à un seul village, tandis que la fête de Jeanne d'Arc n'est pas célébrée seulement à Domrémy, où elle est née.

Les Annamites qui aiment vraiment leur patrie, prendront les mesures nécessaires pour que la fête des sœurs Trung devienne une fête nationale comme celle de Jeanne d'Arc. »

Il se peut que les deux vierges de Dong Nhan n'aient jamais existé... Mais Nguyen le Patriote, aujourd'hui âgé de trente-neuf ans, est bien vivant. Les étudiants du boulevard Bonnal ou d'ailleurs, savent qu'il est le fils d'un *tri huyen* (sous-préfet annamite) et qu'il fit ses études à Huê au célèbre collège Quôc Hoc.

Ce lettré s'engagea comme boy dans une compagnie de navigation et parcourut le monde en astiquant les cuivres des paquebots. Ayant reçu le don des langues, il apprit l'anglais à New-York, le français à Marseille, le russe au boulevard Montparnasse.

Abandonnant l'astiquage maritime il s'était fait, à Paris, retoucheur portraitiste, travaillait dans une chambre de l'impasse Compoint, économisait sur son salaire assez d'argent pour payer ses abonnements aux revues extrémistes. MM. Vaillant-Couturier, André Berthon, Marcel Cachin l'ont connu dans les bureaux d'un journal communiste, auquel il apportait de la copie. Et je l'ai peut-être vu moi-même dans la salle de travail de la Bibliothèque Nationale, où il s'installait de 10 à 17 heures, presque chaque jour.

Membre, en 1920, du bureau du Congrès socialiste de Tours, il opta pour la IIIe Internationale. Il fonda à Paris l'Union internationale, pour grouper tous les prolétaires de couleur, et créa le journal *Le Paria*. À Moscou, il s'installa au Kremlin, pour représenter l'Indochine à la conférence internationale paysanne et il devint membre du praesidium de l'Internationale communiste.

De nouvelles fonctions l'appelèrent à Canton, où il organisa la « Section annamite de la Ligue des peuples opprimés » et dirigea le mouvement révolutionnaire de son pays, car ce « communiste » n'oublia ni n'oublie à aucun moment son nom de *Ai Quôc* : le Patriote.

Pendant les récréations pensives, Pham et Nam, et Hai, et Bui et Vinh, et les autres, pouvaient lire en *quoc ngu* un des plus violents pamphlets de Nguyen paru à Paris en 1920, sous ce titre : *Procès de la colonisation française.*

Le jeune Pham Binh, dans les autres établissements où il poursuivit ses études, à l'école des frères d'Hanoï et au collège du Protectorat, perfectionna avidement son instruction clandestine.

Le soir, après les classes, et les jours de congé, il retrouvait ses amis Bui et Vinh sur un banc du joli Jardin botanique, dans un bosquet à l'écart des allées fréquentées. Je les vois, comme j'en ai vu d'autres, lisant haut et discourant, s'exaltant pour la foi nouvelle et pour le mystère.

En 1924, la bombe de Chamine leur avait révélé Pham Hong Thai et déjà les brochures polycopiées vulgarisaient la légende du nouveau héros. M. Pham Binh n'a pas conservé les journaux qu'il lisait avec ses deux complices à l'ombre des flamboyants. Il m'a donné des exemplaires plus récents qui ressemblent aux précédents pour le fond et la forme.

Voici un numéro du 1er octobre 1929 du journal *Hon Nuoc* (L'Âme Nationale) édité par le *Tinh Bo* (Cellule) d'Haïphong. La manchette :

« Compatriotes ! Compatriotes ! Nous serons toujours malheureux tant que la terre d'Annam portera la trace des pas des Français ! »

Le leader :

« Les Français se sont emparés de notre pays depuis soixante-dix ans. Ils nous traitent comme des buffles et nous font égorger par nos propres compatriotes dont ils ont fait des chiens de chasse. Ils se sont ingéniés à nous tromper par des promesses d'égalité, de liberté, d'entente franco-annamite, alors que les prisons regorgent de détenus politiques, coupables d'avoir trop aimé leur pays.

Quand on s'est consacré à la mission de servir son pays, on appartient corps et âme au pays, comme une épouse appartient à son mari, jusqu'à la mort.

Le danger est une bonne école d'héroïsme.

Ne reculez pas devant le danger pour laver la honte de votre pays. »

Aux dernières lignes, on lit cet avis :

« Le *Hon Nuoc* est le journal de tous nos compatriotes. Faites-le circuler. Ne le détruisez pas. »

Le numéro du 6 octobre 1929 du journal *Hoc Sinh* (l'Étudiant) présente cette devise :

« Si le ciel existe, si la terre existe, nous existons aussi ! »

L'article de tête commence ainsi :

« Nos étudiants doivent se lever en hâte et sacrifier leur vie pour acquitter leur dette envers la patrie... »

et se termine par ces lignes :

« Frères écoliers ! Sœurs écolières ! Unissons-nous et renversons les oppresseurs de nos compatriotes. »

Un autre article, sur le mode familier, conseille aux étudiants de ne pas attendre la fin de leurs classes pour s'intéresser à la vie publique :

« On vous dira que les écoliers n'ont pas été envoyés à l'école par leurs parents pour faire de la politique ; on vous dira : *Maintenant il faut travailler ; quand vous serez grands, nous verrons !*

Or, le terme « chanh tri », qui est l'équivalent du mot français « politique », signifie la science de tout ce qui peut être utile à la vie sociale. Par conséquent, sauf les bêtes, les fous, les nouveau-nés, il n'est point d'être vivant en société qui ne soit contraint de faire de la politique.

Les étudiants sont mieux placés que les autres pour en faire parce qu'ils cultivent leur intelligence, ils n'ont pas encore l'amour de l'argent, ni la soif des honneurs ; ils ne s'attachent pas aux femmes...

Lorsque les Français nous interdisent de lire des ouvrages politiques, c'est comme s'ils nous isolaient dans une île. »

La dernière page du journal est réservée à une rubrique intitulée « Partie comique ». On y peut lire des mots, des anecdotes :

« — Élève Nguyen, comment s'appelait autrefois notre pays ?

— Notre pays s'appelait autrefois la Gaule.

— Et nos ancêtres ?

— Les Gaulois.

— Bien !

C'est vrai, nos ancêtres étaient les Gaulois et notre patrie s'appelait la Gaule ! ! ! »

Les trois jeunes gens lisaient aussi des tracts du *Viet Nam Cong San Dang* répandus par milliers d'exemplaires dans tous les centres intellectuels et qui sont une sorte de catéchisme révolutionnaire :

« Depuis plus de soixante ans, sous couleur de protectorat, les Français se sont emparés de nos fleuves et de nos montagnes.

Ils détiennent tous les pouvoirs, nous considèrent comme des buffles.

Ils mettent en prison les hommes qui s'inquiètent de la destinée du pays.

Ils protègent et élèvent aux plus hautes charges des fonctionnaires ambitieux.

Ils imposent une limite à notre instruction, ne nous accordent ni la liberté de parole ni celle des voyages, ni celle des réunions.

Ils distillent d'énormes quantités d'alcool.

De sorte que nous devenons faibles et malades...

Si nous ne supprimons pas les Français, nous serons supprimés par eux. »

Ainsi s'instruisait Pham.

— En 1926, m'expliqua-t-il, j'étais au collège du Protectorat ; mes professeurs m'avaient bien noté... Le jour de la mort de Pham Chu

Trinh, je suis venu au cours comme les autres avec un brassard blanc.

Pham Chu Trinh était un vieux doctrinaire, une sorte de révolutionnaire en retraite, qui venait de s'éteindre paisiblement à l'âge de soixante dix-huit ans, dans une pauvre demeure. Ce jour-là, dans tous les lycées, collèges, écoles des trois pays, les élèves se présentèrent avec un brassard blanc en signe de deuil. Le directeur du collège du Protectorat interdit la manifestation ; les étudiants ripostèrent par une grève à la suite de laquelle furent prononcées un grand nombre d'exclusions.

— J'ai été renvoyé au hasard, avec une centaine de mes camarades.

Pham Binh était rentré à Hadong, humilié de ces vacances forcées, blâmé par son père, par sa mère et par la première épouse. Il se promenait sur la route au bord des rizières, le soir, à l'heure où les « nhaqué » reviennent des champs et où les autos déversent les Parisiennes à l'entrée du dancing... Il aperçut, courant au-devant de lui, un de ses camarades, nommé Hat, qui s'était montré jusqu'ici assez distant.

Hat, renvoyé lui aussi avec d'autres « brassards blancs », le complimenta sur sa conduite et lui dit :

— Que vas-tu faire ?

Il ne savait que répondre.

— Veux-tu aller à Canton ?

Canton... C'était la ville rêvée : la Rome, la Jérusalem, la Mecque des fils d'Annam, le siège du grand comité, l'école des cadets (Saint-Cyr, Normale et Polytechnique de la révolution) et la tombe de Pham Hong Thai sur la route des nuages... sur la route des nuées...

Vers Canton

— Rendez-vous jeudi à Haïphong, à 16 heures, devant le numéro 42 de la rue de Metz !

Pham Binh attendait depuis 15h15. Il avait prétexté une promenade à Dô Son, afin de se libérer de la famille, et obtenu cinq piastres pour les frais...

Parti le matin de Hadong par le premier autobus vers Hanoï et d'Hanoï par le premier train, il avait erré dans les rues et sur les quais d'Haïphong, espérant y rencontrer l'un ou l'autre de ses amis avant l'heure fixée. Il avait déjeuné d'une confiture verte, de riz-nem en sandwich entre deux feuilles de lotus et fumé quarante cigarettes.

À la quarantième cigarette, il était bien 16 heures.

Hat apparut au tournant de la ruelle Dong-Mon, accompagné de Hai, un autre exclu de l'école du Protectorat. Pham Binh put à peine les saluer tant l'émotion l'étreignait à la gorge.

— J'ai amené Hai, expliqua Hat, parce qu'il faut deux parrains.

Et il ajouta :

— C'est ici, à deux pas. Inutile de te souvenir de cette adresse. Ce sera changé dans huit jours.

Les trois jeunes gens entrèrent dans la ruelle Dong-Mon, s'arrêtèrent devant une maison à étage, montèrent un étroit escalier.

Le compartiment de l'unique étage comportait une seule pièce, assez grande, toute nue ou presque ; une table, une chaise et un petit lit de fer européen composant tout le mobilier.

Il y avait là vingt personnes debout, d'âges et de classes différents, mais qui étaient toutes des inconnues pour Pham : des jeunes hommes, deux jeunes filles et quelques hommes d'âge mûr, portant barbiche pointue à poils gris. Les uns en tunique correcte de tulle noir et la tête enrubannée, les autres en blanc comme des boys ou même en veste bleue comme des coolies. C'est précisément l'un de ces derniers qui se plaça derrière la table et, de quelques coups de règle, réclama l'attention :

— Tu nous es présenté par deux camarades qui ont répondu de toi sur leur vie. Avant de te demander de jurer fidélité à notre association, il faut que tu saches à quoi tu t'engages en y entrant. Je vais t'indiquer quels seront tes droits et tes devoirs.

Et il lut :

« DROITS DES ADHÉRENTS

1. Droit de vote ;

2. Droit d'éligibilité ;

3. Droit d'électorabilité.

DEVOIRS DES ADHÉRENTS

1. Garder le secret sur les affaires du parti ;

2. Obéir aux décisions prises par la majorité des dirigeants régulièrement assemblés ;

3. Pénétrer les masses afin de les organiser et de les éclairer journellement sur la doctrine et les buts du parti ;

4. Examiner, instruire et critiquer les camarades ;

5. Rendre compte de ses travaux au moins une fois tous les huit jours ;

6. Émettre franchement son avis sur toutes les questions concernant le parti ;

7. Étudier sans relâche afin de progresser ;

8. Ne pas quitter sa localité sans l'autorisation des chefs de son groupement et se conformer aux ordres des chefs de groupement de la localité où l'on habite ;

9. Verser une cotisation égale au vingtième de son salaire mensuel si celui-ci ne dépasse pas 20 piastres, à un dixième, au-dessus. »

Le néophyte dut écouter ensuite la lecture du code criminel de l'association : une longue liste de fautes comportant comme sanctions soit le blâme, soit l'exclusion temporaire, soit l'exclusion définitive.

Il apprit ainsi qu'il serait puni s'il taisait les fautes des camarades, s'il ne sacrifiait pas ses idées personnelles, s'il s'adonnait à la boisson, au jeu, à l'opium ou à la luxure, s'il gaspillait son argent...

Enfin, le président lui énuméra un à un, lentement, les crimes qui entraînaient la condamnation à mort :

« 1. Passer dans le camp ennemi ;

2. Agir sans ordres et compromettre ainsi la sécurité des camarades ;

3. Enfreindre les ordres reçus ;

4. Ourdir la perte du parti ;

M. Pham Binh jura qu'il acceptait les droits, les devoirs et le code. Il fut admis comme adhérent sans opposition.

Hat lui apprit alors qu'il avait bénéficié d'une mesure de confiance assez rare en ayant été présenté non devant un *To* ou un *Chi Bo* communal, mais au *Tinh Bo* (section provinciale) de la région d'Haïphong. Le président lui remit un exemplaire du journal *Thanh Nien* et lui dit de lire à haute voix l'article de tête. C'était la relation de la vie et de la mort de Pham Hong Thai.

Après quoi, le nouvel affilié reçut trois noms dont l'un ou les autres, selon les circonstances, devaient le désigner dans la correspondance ou les réunions et auxquels il s'obligeait à répondre. Il fut appelé Tran Van Tri, et encore Mai Trong, et encore Bich.

La séance fut levée.

Pham emportait en outre de l'exemplaire du *Thanh Nien*, une brochure intitulée : *Les Trois Principes de Sun Yat Sen*.

On lui ordonna de rentrer chez son père à Hadong et d'attendre des instructions qui pourraient lui être données soit verbalement, soit par écrit.

Dans le premier cas, une personne l'aborderait par ces mots : « N'appartenez-vous pas à la famille des Anh Hung ? »

Et sur sa réponse affirmative, elle l'appellerait par un des trois noms qu'il venait de recevoir.

Dans le second cas, il lui serait adressé une lettre banale signée d'un de ses amis, s'informant de sa santé et lui donnant des nouvelles insignifiantes. Le vrai texte invisible serait écrit entre les lignes visibles avec du *nuoc com* ou bouillon de riz. Il suffirait pour le révéler, d'humecter le papier avec de l'eau iodée. Après lecture, le billet devrait être déchiré et brûlé.

M. Pham Binh vécut chez lui quelques journées anxieuses. Il ne savait si le comité, auquel il devait aveuglément obéir, tiendrait la promesse de son ami Hat et le jugerait digne d'aller à Canton faire son éducation d'officier révolutionnaire. N'allait-on pas l'employer tout de suite à quelque besogne obscure dans une cellule ouvrière ?

Le 19 novembre 1926 (il n'oubliera jamais cette date) un homme maigre, âgé d'une trentaine d'années, la figure marquée par la variole, l'aborda presque sur le seuil de sa demeure :

— Excusez-moi, monsieur !... N'êtes-vous pas de la famille des Anh Hung ?

Il l'appela « camarade Bich » et se présenta lui-même sous le nom de Xuong. Il lui donna rendez-vous pour l'après-midi, à 15 heures, à la gare d'Hanoï.

— Emporte du linge et quelques provisions. Nous partons en voyage.

Pham mit en cachette quelques effets dans un panier. Il ne fallait pas songer à justifier une nouvelle absence. Il ne voulut pas penser à l'inquiétude de son père, de sa mère et de la « première épouse » qui l'aimait plus tendrement encore que ses parents.

Pourtant, si on le lui permettait, il enverrait d'Hanoï une lettre annonçant qu'il partait volontairement et que rien de fâcheux ne lui était arrivé...

Un boy le surprit avec son panier : il le pria de ne rien dire parce qu'il avait perdu au jeu et qu'il allait vendre ses vêtements pour régler sa dette.

L'autobus étant manqué, il s'en fut à bicyclette. À 15 heures, il trouva Xuong au rendez-vous devant la gare. Xuong prit deux billets de quatrième pour Tam Lung, une petite station après Lang Son, toute voisine de la frontière. On monta dans le train de 16h27 qui arrive vers 21 heures à Thi Cau.

C'est un long voyage. Il faut coucher à Thi Cau, repartir le lendemain à 7 heures jusqu'à Phu Lang Thuong, changer encore jusqu'à Lang Son et attendre cinq heures dans cette ville la correspondance sur Na Cham. En somme, vingt-six heures de chemin de fer pour un trajet de 150 kilomètres.

Et que d'angoisses pendant les attentes !.. On occupa l'arrêt à Lang Son à visiter l'ancienne citadelle annamite. Lang Son : cela signifie *Mont fidèle*. Des vestiges de la citadelle qui résista aux Chinois et aux Français résistent encore au temps après six cents années !

Pham ne recevait de son compagnon peu loquace aucun détail sur la suite du voyage.

On descendit vers 8 heures du soir dans la petite ville de Tam Lung ; on avait dîné dans le wagon et l'on ne s'attarda pas dans ce poste où veillaient des gendarmes et des douaniers.

D'abord sur la route, puis par des sentiers mal tracés en pleine forêt, on marcha toute la nuit à pied. Xuong paraissait être un guide très sûr et qui n'en était pas à sa première expédition. À 6 heures du matin on atteignit un hameau où demeurait un Chinois qui reçut les deux voyageurs. Xuong dit :

— Nous sommes en Chine !

Le Chinois se nommait Tac Soi, ne tenait aucun commerce, n'exerçait aucun métier et paraissait s'être installé ici uniquement pour héberger les émigrés. Après une journée et une nuit de repos, Xuong prit congé du néophyte :

— Je retourne au Tonkin, expliqua-t-il. Tu te conformeras aux instructions de M. Tac Soi.

L'attente dura deux semaines. Le Chinois ne laissait pas sortir son pensionnaire.

— Si le mandarin te voit, je peux avoir des ennuis !

Enfin, il lui annonça un matin que tout était prêt pour le départ. Il était 6 heures, une mauvaise carriole, traînée par un cheval maigre, les cahota toute la journée sur la route jusqu'à Long Tchéou, la ville du Dragon. Pham m'expliqua qu'il eut pour la première fois l'impression grisante d'être un citoyen libre en pays libre où l'on ne rencontre point à chaque pas « des maîtres d'une race ennemie »...

Il eut le loisir d'aller et de venir dans les rues bruyantes, dans les marchés hurlants. Il visita le temple de Mme Pan dont on honore la mémoire parce qu'en l'an 48 de notre ère, elle fournit de grain l'armée des Han au cours de la campagne du Tonkin. Son orgueil d'homme jaune s'exaltait à compter les millénaires.

Il pensait que la « campagne du Tonkin » cela s'apprend dans l'histoire de France comme dans l'histoire de Chine.

Quelques dix-neuf siècles les séparent l'une de l'autre.

Et il rêva de lire un jour une histoire d'Annam où les deux conquêtes seraient effacées ! Bien qu'il ne fût pas bouddhiste, il alla déposer des pétales de lotus et des bols de riz devant le Bouddha géant de la pagode San Pan Seu ou des Trois Trésors...

M. Tac Soi avait confié son voyageur à l'un de ses correspondants qui habitait dans une venelle, non loin du temple dédié au général Ma Yua, qui a lui aussi vingt siècles d'existence.

Pham n'eut pas le temps de s'ennuyer. Un M. Trong — autre Chinois — le vint chercher, lui dit de prendre son panier et l'emmena en pousse sur le quai du Tso Kiang. Il avait deux passages de pont sur la chaloupe à vapeur qui assure le service jusqu'à Ngan Ning.

Dans l'horrible petite ville délabrée, il attendit deux journées la correspondance : une chaloupe qui remontait le Nan Kiang jusqu'à Ngo Chan. Et, de là, par le Yu Kiang et le Si Kiang, sur d'autres chaloupes, pendant quinze jours et quinze nuits, au riz sec et à l'eau, pêle-mêle avec les coolies, il naviqua...

Un jour, il aperçut le portique en bois doré du temple de la Médecine et le double toit du temple de la Longévité. Au quai, où la chaloupe était amarrée, une foule se pressait malgré l'heure matinale : les barbiers rasant le client sur un escabeau, les restaurateurs portant leur cuisine et leur table sur l'épaule, à chaque extrémité d'un bambou, les marchands d'ornements de papier pour funérailles, chacun avec les cris chantés de sa corporation. C'était l'hymne d'une capitale quadrimillénaire, aujourd'hui métropole de l'Asie future et de la Révolution jaune. Kouang Tchéou Fou... Canton...

À l'école de Wampoa

Les jeunes intellectuels du Tonkin, d'Annam et de Cochinchine entrent à l'école de Wampoa de Canton.

Ils ont souvent rompu avec leur famille, renoncé à la fortune paternelle, à la carrière du mandarinat..., à la rizière même !

L'aventure révolutionnaire les conduit d'abord sur la colline sacrée de Po Yun Chan, où coule la source purificatrice des neuf Dragons, dont l'eau donne l'abnégation et le courage. Là s'élèvent, non loin du lieu de la « contemplation crépusculaire », le temple du Nuage Blanc, qui a dix siècles, et la tombe de Pham Hong Thai, qui a six ans.

Ayant ainsi relié dans un premier salut le jeune Annam à la vieille Chine, ils revêtent l'uniforme des cadets : la vareuse, les molletières, le ceinturon, la bandoulière, et coiffent le képi. Ces élèves apprennent le maniement d'armes, suivent des cours de technique, de tactique et de stratégie. Ils s'instruisent, en d'autres classes, des lettres, des arts et de la science ; ils s'initient, en outre, à la doctrine de Sun Yat Sen.

L'évangile du docteur Sun explique et commente les « trois Min » : *Minchou*, l'égalité des races ; *Minchuen*, le droit du peuple ; *Minchen*, la vie du peuple.

On apprend, dans le premier Min, qu'il n'est point de race inférieure aux autres et que les hommes, jaunes ou noirs, ont les mêmes droits que les hommes blancs. Il est donc inadmissible que les Annamites soient les esclaves des Français. C'est pourquoi Nguyen Ai Quôc, ou le Patriote, a fondé à Canton la Ligue des peuples opprimés, où sont représentés, en outre des sujets et protégés français de toute couleur, les sujets ou protégés des autres puissances impérialistes : Hindous, Égyptiens, Formosiens, Coréens, etc...

Le second Min signifie qu'il ne suffit pas de réaliser l'indépendance nationale. Il faut encore donner au peuple la vie politique, instituer un régime démocratique ayant pour bases le suffrage universel, la liberté de la presse et, en général, toutes les libertés qui ont cours en France depuis la proclamation des Droits de l'homme et du citoyen.

Le troisième Min, qui a été emprunté par le docteur Sun, non à Karl Marx, mais à Confucius, étend les droits du pauvre en restreignant les droits du riche. Il ne supprime pas le capital, mais limite sa puissance et son champ d'action en réservant à l'État l'exploitation des entreprises d'intérêt national : chemins de fer, navigation, banques, etc...

L'école de Wampoa ne forme donc pas des communistes, mais des patriotes républicains.

***

À l'époque où M. Pham Binh portait l'uniforme des cadets, la culture générale et l'instruction révolutionnaire étaient données aux jeunes émigrés par dix professeurs chinois parlant couramment l'annamite et le français, et par deux professeurs annamites.

Je note qu'aucune langue vivante étrangère n'était enseignée, sauf le japonais. Ce détail n'est pas vain, car il révèle une orientation sentimentale, sinon politique. De Canton, le révolutionnaire annamite, à l'heure de la « contemplation crépusculaire », ne tourne pas son visage vers l'est, dans la direction de Moscou, mais vers l'ouest où se trouve Tokyo. Ce n'est point l'avenir lointain de la nouvelle démocratie blanche qui l'attire comme un aimant, mais le passé récent de la première puissance jaune.

Les élèves de l'école reçoivent donc une instruction à la fois théorique et pratique qui leur permet, de retour en leur pays, d'être des propagandistes et des chefs. L'art oratoire leur est enseigné au même titre que l'art militaire ; chacun de ces étudiants sera un théoricien et un réalisateur.

La doctrine est immédiatement interprétée en vue de l'action.

M. Pham Binh, qui ne rencontra pas Nguyen Ai Quôc, réfugié en Russie après mars 1927, eut pour maîtres Hong Son, Ho Ting, Le Quang Dat, Lam Duc Thu, formés, eux aussi, au séminaire polytechnique de Wampoa, et qui furent emprisonnés, puis *aussitôt relâchés*, à la même date, par le gouverneur *anticommuniste* chinois.

Ces hommes dirigeaient le parti, qui se nommait alors « Association de la jeunesse révolutionnaire annamite » (*Viet Nam Cach Menh Than Men*), dont le règlement et les décisions étaient communiqués aux cadets en vue d'ordonner et de coordonner leur action future lorsqu'ils auraient dépouillé l'équipement militaire pour revêtir la veste du coolie ou la tunique du lettré, lorsqu'ils seraient entrés dans l'usine ou aux champs, dans le village ou à la ville, en contact avec la masse de leurs compatriotes.

On retrouve à peu près tous les termes de ces instructions et directives dans les comptes rendus du dernier congrès du *Viet Nam Cong San Dang,* qui eut lieu à Canton le 1er octobre de l'année dernière. Pour leur conserver leur valeur de documents, je crois devoir en reproduire textuellement quelques passages.

Un manifeste liminaire rappelle quelques faits généraux :

« L'impérialisme français a volé notre pays. Nos rizières, nos mines, nos mers, nos fleuves, notre commerce, en un mot toutes nos sources de revenus sont entre ses mains. Il nous accable d'impôts et de taxes, nous contraint constamment à des emprunts et rafle sans pitié le produit des travaux de notre peuple.

Pour nous spolier, la France nous ligote en appliquant des lois barbares : défense de voyager, de parler, d'écrire, d'étudier. La police, la sûreté, la justice, la commission criminelle sont les instruments dont elle se sert pour nous supprimer ou nous envoyer dans les charniers de Lao Bao et de Poulo Condore.

Des ouvriers, mal payés, asservis au travail pendant des journées interminables, souffrent de la faim.

Les paysans spoliés, condamnés à de multiples corvées, accablés d'impôts quittent leur foyer et vont sur les routes.

Les tirailleurs, abandonnant leurs parents, leur femme, leurs enfants, vont pourrir sur les champs de bataille de Syrie et du Maroc.

Les commerçants sont acculés à la faillite par les monopoles et la fiscalité.

Les étudiants sont abêtis par les méthodes pédagogiques asservissantes.

Pour remplir sa mission de guide de la révolution, le parti doit envoyer ses adhérents dans les usines, les mines, les campagnes, les fabriques, afin d'organiser les travailleurs en unités de combat camouflées en coopératives, sociétés agricoles, syndicats ouvriers, leur apprendre la doctrine, leur communiquer le programme, les dresser à la grève et aux autres méthodes de guerre économique et politique.

Dans le but de diriger le mouvement offensif de ces cohortes, le parti leur ordonne d'apprendre les commandements suivants qui répondent aux nécessités de l'heure. »

J'ai sous les yeux les deux séries de commandements, l'une économique, l'autre politique, qui constituent les tables de la loi du *Viet Nam Cong San Dang.* Je m'excuse de les publier malgré leur longueur. Elles expliquent, en effet, les mouvements de grève, les cortèges de paysans sur les routes, et, en général, tous les « incidents » que les brèves dépêches d'Indochine nous ont signalés, nous signalent et nous signaleront encore.

« COMMANDEMENTS ÉCONOMIQUES

1. Suppression de l'impôt de capitation. Diminution des taxes. Opposition à l'accroissement des autres charges fiscales, personnelles ou foncières ;

2. Refus de souscrire aux emprunts ;

3. Exonération de l'impôt les années de mauvaises récoltes ;

4. Partage des terrains alluvionnaires et des rizières abandonnées entre tous les paysans ;

5. Pour tous les habitants ayant un capital inférieur à 50 piastres (500 francs) : exonération des impôts mobiliers, patente et taxe sur le bétail ;

6. Suppression des taxes municipales ;

7. Interdiction de recruter des coolies pour les pays étrangers.

COMMANDEMENTS POLITIQUES

1. Liberté d'association, de parole et de déplacement ;

2. Droit de réunion, de grève et de manifestation ;

3. Suppression des lois féodales ;

4. Suppression de la cour d'Annam ;

5. Protestation contre la commission criminelle et autres juridictions d'exception. Protestation contre la politique de terreur ;

6. Protestation contre l'envoi de tirailleurs à l'extérieur du pays ;

7. Élection des maires et des conseillers municipaux par les habitants de la commune ;

8. Applications des lois ouvrières ;

9. Abolition de la peine de mort et suppression de la condamnation à la prison au-dessus de dix ans ;

10. Amnistie pour les condamnés politiques. »

Avec leurs exagérations et parfois leurs naïvetés, ces revendications répondent aux désirs et aux aspirations de la grande masse paysanne et urbaine des trois peuples annamitiques.

Nous verrons plus loin ce qu'elles peuvent avoir de fondé.

Le jeune homme qui me rapporte ces souvenirs va quitter Canton, son éducation révolutionnaire terminée, entrer de plain-pied dans ce que le docteur Sun appelait *Minchen, la vie du peuple !*

La vie secrète

— Tôi la nguoi nha Anh Hung !... Je suis de la famille des Anh Hung
!

En revenant de Canton par les chaloupes sur les fleuves, les carrioles
sur les pistes et la marche à pied dans la forêt, le jeune cadet de
Wampoa avait franchi la porte de Chine. Ses sandales avaient foulé,
sur les premiers mètres de la route mandarine, la poussière d'Annam.

Un ordre écrit entre les lignes visibles d'une lettre banale avec l'encre
invisible du *nuoc com* (bouillon de riz) et qu'il avait révélé à l'eau
iodée, lui avait enjoint de se présenter à Haïphong, au compartiment 14
de la rue Nam-Sinh. C'était, pour l'instant, l'adresse du *Tinh Bo* de la
province.

— Je suis de la famille des Anh Hung !

La porte s'était ouverte et le cadet de Wampoa était entré de plain-
pied dans la carrière d'agitateur révolutionnaire.

Il lui tardait d'être désigné pour un poste actif, d'aller s'engager à la
mine, dans l'usine de cimenterie ou dans la plantation ; de former son
premier *Tô* (nid), puis son premier *Chi Bo* (cellule), en endoctrinant les
ouvriers, et d'apporter les premières cotisations prélevées sur de
pauvres salaires.

Mais il apprit d'abord la patience, principale vertu de son nouvel état.

Il dut, pendant de longues semaines, assister aux réunions de la
section en qualité de secrétaire et employer ses heures libres à tirer à la
polycopie les manifestes, proclamations et ordres, les tracts et
brochures publiés par le parti ; il eut l'occasion de lire ainsi des pages
et des chapitres extraits de *l'Histoire de France* de Michelet, et du
Contrat social de Jean-Jacques Rousseau. Il fit aussi connaissance
avec quelques-uns de ses chefs et de ses camarades. C'étaient pour la
plupart des jeunes hommes lettrés, bacheliers ou autodidactes, qui
paraissaient tous intelligents et passionnés.

Il reconnut Nguyen Huy San, dit Chuik, qu'il avait rencontré un an
plus tôt à Canton, un de ses anciens de l'école de Wampoa. Sa
présence aux mines de Cam Pha ayant été signalée à la police, celui-ci
avait dû revenir au siège provincial attendre une nouvelle affectation.

Il reconnut Bui Doc Than, un adolescent, un de ses plus jeunes condisciples de l'école du boulevard Bonnal, et qui suivait encore dans cet établissement les cours de troisième année afin d'y créer des cellules d'étudiants.

Dans la petite salle où il maniait le duplicateur, certains chefs venaient chaque jour travailler près de lui sur une table de bois blanc tachée d'encre. Il y avait parmi eux des brisquards :

Loan, condamné par défaut à quinze ans de détention par la commission criminelle et dont un lupus au visage, connu du service d'identité judiciaire, compromettait à chaque heure la sécurité ;

Thi Lan, une jeune fille de vingt ans, très belle, qui avait abandonné ses parents, de riches mandarins de la région de Nam Dinh pour devenir la compagne de cet homme dont la laideur ni la maladie ne la rebutaient ;

Phi Van, sportif et Européen, dans son imperméable jaune et condamné à mort par contumace ;

Kim Tom, cinq ans de travaux forcés par la cour d'appel d'Hanoï ;

Hop, grand distributeur de tracts, plusieurs fois arrêté.

Ce petit étudiant distingué, à turban noir et lunettes d'écaille, c'était Trong, dit Guy, qui avait vécu à Co Am, pépinière de révolutionnaires, dans la propre maison du préfet en retraite M. Tran My, chevalier de la Légion d'Honneur.

Celui-ci, c'était Vu Thien Chan, exclu récemment de l'école pratique d'industrie de Haïphong, mais qui continuait du dehors la propagande parmi ses anciens condisciples.

Celui-là, un homme d'âge mûr, ajusteur à l'atelier général des mines, se nommait Duong et détenait le record mensuel des nouvelles adhésions.

Cet autre, Van Kien, ex-secrétaire de la compagnie électrique, avait été arrêté pour avoir saboté un câble à Ha Ton, et s'était évadé.

Ba servait d'agent de liaison entre le *Ky Bo* du Tonkin et le *Ky Bo* de Cochinchine.

Ngô avait été employé dans l'administration postale comme

secrétaire télégraphiste. Licencié ès lettres, sans doute s'était-il aigri de n'avoir obtenu, avec un grand diplôme, qu'un petit emploi. Il dirigeait maintenant, 10, rue de Metz, la librairie Hoc Hai.

Phung avait subi quarante jours de prison préventive, puis avait été relaxé faute de preuves, après comparution devant la commission criminelle.

Il y en avait bien d'autres, directeurs ou exécutants, agents de liaison, d'information, de propagande ou sicaires.

Une des physionomies les plus curieuses était celle de M. Tan, agent de la police urbaine d'Haïphong, qui avait formé, dans le corps des gardiens de la paix, une *Chi Bo* dénommée « Cellule des Soldats », à laquelle avait adhéré le propre chauffeur de M. le commissaire Bertrand. Le parti l'avait chargé de coller les affiches révolutionnaires sur les murs des maisons. Un jour qu'il accomplissait sa tâche et qu'il venait de placarder, en plein quartier européen, un libelle particulièrement violent, il aperçut, venant au-devant de lui et portant le même uniforme, ses collègues de la police qui n'étaient point ses camarades en révolution. Avec le sang-froid et la présence d'esprit dont il a toujours fait preuve, M. Tan se mit tranquillement à arracher la feuille qu'il venait d'apposer sur le mur. Ayant accompli son rôle de révolutionnaire, il reprenait naturellement sa fonction de défenseur de l'ordre. Et les trois agents, visiblement satisfaits, apportèrent ensemble leur prise intéressante au commissariat.

M. Tan dut, quelques semaines plus tard, par ordre du comité, donner sa démission de gardien de la paix, pour entrer dans la police privée de la Société des Charbonnages du Tonkin, où son action fut particulièrement efficace.

Les chefs se réunissaient une fois par semaine pour discuter des affaires du parti et envoyer leur rapport au *Ky Bo*, ou section du Tonkin. Il leur arriva de se transformer en tribunal révolutionnaire pour infliger un blâme, une suspension, une exclusion ou pour voter une condamnation à mort.

M. Pham Binh, au cours de la mission qu'il allait bientôt accomplir auprès des coolies du charbon, fut plusieurs fois appelé devant le tribunal en qualité de témoin. C'est ainsi que ses rapports devaient faire exclure du parti un certain Kien, engagé comme *cai* à Cam Pha, accusé de frapper les ouvriers et de leur infliger des amendes tout comme un *cai* ordinaire.

La plus émouvante audience dont le jeune révolutionnaire ait gardé le souvenir est celle où fut jugé Kim Ton.

Ce camarade, à qui une condamnation à cinq ans de travaux forcés par la cour d'appel d'Hanoï avait valu la confiance du parti, devait être, pendant plusieurs mois, le chef direct de M. Pham Binh. C'est devant lui que ce dernier renouvela la prestation de serment lorsque la société changea de nom ; c'est lui qui écrivait les lettres à l'encre invisible au bouillon de riz. À se fréquenter, ils avaient eu l'occasion de nouer des liens d'amitié. Aussi M. Pham Binh fut-il bien étonné, lorsque, ayant été convoqué devant le comité d'instruction, on lui expliqua qu'il allait assister à l'interrogatoire de Kim Ton lui-même !

Le prévenu devait expliquer à ses camarades juges :

1. Comment ayant été arrêté par des inspecteurs français le 11 octobre 1929 — au débarcadère de Tan Dê — il avait pu se faire libérer sans jugement, après avoir subi plusieurs interrogatoires dans le bureau du commissaire ;
2. Par quelle coïncidence, quelques jours plus tard, plusieurs perquisitions policières avaient été faites en des locaux secrets du parti et plusieurs camarades jetés en prison.

Il faut convenir que Kim Ton se défendit mal...

Lorsque la séance fut terminée, les camarades instructeurs, les camarades témoins et le camarade prévenu se séparèrent sans décision.

La véritable audience eut lieu, le lendemain même, en dehors du principal intéressé et Kim Ton fut condamné à mort.

La violation du secret de cette décision devait entraîner également la peine capitale pour celui des juges ou témoins qui s'en rendrait coupable.

Les sicaires chargés d'exécuter la décision furent tirés au sort. Enfin, on ordonna que le camarade Lich, ancien élève de l'école pratique d'industrie, en raison de l'amitié qui l'unissait à Kim Ton et de la confiance que ce dernier lui témoignait, serait chargé de le rassurer sur son sort, d'endormir ses inquiétudes et de lui indiquer un rendez-vous dans un lieu écarté, propice à l'exécution.

M. Pham Binh avait connu quelques minutes d'angoisse lorsque son nom ayant été prononcé ; on avait hésité entre Lich et lui pour l'accomplissement de la tragique mission.

Lich dut s'employer pendant trois mois à dissiper la méfiance de son « ami », qui s'étonnait de n'avoir été ni exclu, ni suspendu, ni même blâmé.

Le 2 février 1930, Lich, qui avait pris l'habitude de dîner avec sa victime et d'avoir avec elle de longues conversations nocturnes, l'entraîna tard dans la nuit, en conversant familièrement jusqu'au lieu désigné, sur un quai désert. Ils étaient arrivés près de trente minutes avant l'heure... Il fallut que Lich engageât une discussion de doctrine et prolongeât le débat.

Les sicaires surgirent...

Kim Ton, frappé dans le dos de plusieurs lames, tomba. L'agonie fut courte. Lorsque la mort eut été constatée, on épingla sur les vêtements du « traître » ce billet en *quoc-ngu* dont voici le texte en français :

« Kim Ton, membre du parti communiste indochinois, arrêté le 11 octobre 1929 au débarcadère de Tan Dê par les impérialistes français, a failli à ses devoirs de communiste.

Le tribunal révolutionnaire l'a accusé :

1. D'avoir enfreint les règlements du parti ;

2. D'avoir renseigné les impérialistes français sur la situation et l'organisation du parti ;

3. D'avoir dénoncé et reconnu (en présence des juges) les camarades qui ont participé au mouvement communiste de Nam Dinh, le 16 janvier 1930.

En conséquence, le tribunal révolutionnaire condamne Kim Ton à la peine de mort.

Ce jugement a été exécuté le 2 février 1930.

Le but de cette proclamation est de donner un avertissement à ceux qui trahissent le parti, la révolution et les prolétaires annamites.

VIET NAM CONG SAN DANG. »

Le dragon de jade

Hanoï, juin 1930.

Dans le même temps, l'un et l'autre bout de l'Annam, au Tonkin et en Cochinchine, c'est-à-dire en des régions pratiquement séparées par de longues journées de voyage, on voyait à la même heure des hommes se rassembler par milliers, se former en colonnes et demander à l'administrateur, au résident ou au délégué du lieu l'abolition de l'impôt.

Parfois une salve tirée en l'air suffisait à disperser la foule ; parfois les miliciens fauchaient le premier rang des manifestants.

L'ordre avait été donné par le comité central du parti révolutionnaire unifié de placer désormais en tête de chaque colonne un certain nombre de femmes et d'enfants.

La consigne fut exécutée. Cette tactique eut pour résultat de paralyser la milice. Et les révolutionnaires obtinrent ce qu'ils voulaient : des arrestations en masse.

J'ai été reçu dans un petit atelier de photographie. C'était à l'issue d'une réunion semblable à celles que m'avait révélées mon ami Pham. J'ai vu sortir deux femmes, jolies et menues, vêtues à l'ancienne, avec la tunique de soie blanche, les larges pantalons noirs, la ceinture multicolore, le turban d'où déborde sur la nuque une longue mèche de cheveux... des fillettes.

Les messieurs me parurent être des garçonnets.

Sauf un seul, qui portait un complet de tussor , souliers canari et cravate écossaise, tous avaient conservé le vêtement annamite des fils de famille : la seyante tunique de voile noir, les sandales vernies, le casque européen garni de crêpe, un sujet d'Annam bien apparenté étant pratiquement toujours en deuil.

Bien que « communistes » ces jeunes gens n'avaient point renoncé aux préséances. Il y avait ici des grades et des dignités ; cela se traduisait par des signes extérieurs de respect, des lais , des révérences. Un des chefs que l'on saluait cérémonieusement s'impatienta d'attendre sa voiture. Lorsqu'elle arriva, le chauffeur reçut quelques injures trop grossières pour être traduites ici.

L'homme qui me parla paraissait en âge d'être le père de tous les autres :

— Nous avons réprouvé, me dit-il, les affaires des 10, 11 et 16 février à Yen Bay, Thanh Hoa, Vinh Bao et autres lieux, affaires qui ont été organisées par l'ancien parti nationaliste, sous sa seule responsabilité et malgré nos avis formels. Ces rébellions sanglantes provoquent des représailles et aboutissent à l'arrestation des chefs. Aujourd'hui, presque tous les dirigeants du *Quôc Dân Dang* sont en prison. Beau résultat !

Cette forme d'action est prématurée ; elle exigerait, pour être efficace, une organisation que nous sommes loin de posséder et une maturité révolutionnaire que le peuple n'a pas atteinte. Nous ne recommencerons plus, je l'espère, de pareilles sottises. Si vous apprenez que quelques violences ont été commises dans des postes isolés, vous pourrez affirmer qu'elles ne viennent pas de nous, qu'elles sont tout à fait contraires à nos directives.

La seul forme d'action révolutionnaire qui soit opportune aujourd'hui, c'est le cortège groupant mille, deux mille, trois mille prolétaires sans armes. Les communiqués officiels relatant quotidiennement ces manifestations prétendent que des drapeaux soviétiques, ornés de la faucille et du marteau, y sont déployés. Si cela était exact, nos instructions auraient été mal interprétées. Ce serait une violation de notre entente avec les nationalistes.

Notre mot d'ordre est : pas de drapeau, pas d'insigne.

La plus grande force de ce peuple, me dit encore mon hôte et celle qui s'adapte le mieux à son tempérament, c'est l'inertie. Pourquoi aller au-devant des balles ? Nos bras armés d'un mauvais coupe-coupe ou d'une grenade dangereuse surtout pour celui qui en fait usage, nos bras actifs, en un mot, se heurteront toujours à un mur d'acier... Mais nos bras passifs... ?

Nos bras croisés peuvent renverser des montagnes ! Il n'y a pas, dans ce pays, sur quarante millions de bras qui travaillent, un seul bras blanc.

Imaginez qu'un jour les Européens se trouvent privés subitement de leurs boys, de leurs cuisiniers, de leurs chauffeurs, de leurs coolies. Plus de postiers, de télégraphistes, d'électriciens, d'employés de chemin de fer, d'ouvriers de voirie, d'usines ou de mines... La vie serait pratiquement arrêtée dans les villes. Les villages n'auraient plus de communications entre eux. Le travail continuerait dans la campagne, où les Français sont rares, mais les denrées alimentaires n'arriveraient plus jusqu'aux centres. Nous pouvons vivre longtemps avec un peu de riz et de poissons secs, et vous êtes de forts mangeurs.

Que ferez-vous contre quinze millions d'hommes inertes ? Avez-vous des prisons assez vastes pour les enfermer tous ?

M. X... en me reconduisant jusqu'au seuil, ajouta :

— Vous pouvez écrire tout cela en France : je ne dévoile aucun secret. La police connaît plus de choses que je ne vous en ai dites. D'ailleurs, cette maison même est fort bien surveillée.

C'était une belle nuit d'Hanoï : les cigales crissaient dans les flamboyants, autour du petit lac. Pour échapper aux sollicitations des coolies, qui voulaient chacun me faire asseoir dans son pousse, je m'engageai sur le pont minuscule qui conduit à l'îlot de la Tortue où s'élève un bijou de pagodon dédié au génie de *Hoan Kien Lo*, c'est-à-dire de « l'Épée restituée ».

C'est ici qu'en l'année 1415 un pauvre pêcheur du nom de Lê Loi jetait ses filets. Un jour il ramena un étrange poisson... Une anguille rigide... une épée !

Elle était lourde, sa large lame flamboyait au soleil.

Lê Loi cacha l'arme dans sa paillote, abandonna la pêche et prêcha la révolution.

De toutes les rizières surgirent des nhaqué qui se rangèrent autour de lui. Il sortit son épée, déclara la guerre de l'indépendance, qui dura dix ans, et chassa le Chinois de la terre d'Annam.

Devenu roi, fondateur de la dynastie des Lê, l'ancien pêcheur, ceint de l'arme miraculeuse, revînt sur cette rive pour offrir un sacrifice. On entendit un coup de tonnerre, on vit l'épée sortir toute seule du fourreau, se métamorphoser en dragon couleur de jade et disparaître dans les eaux.

Ainsi, le génie du lac avait pris la forme d'une épée pour vaincre l'oppresseur étranger. On lui édifia un temple.

Je me penche sur la frêle balustrade. Sur les eaux du lac de l'Épée restituée, je ne vois que lotus rouges, lotus blancs qui flottent épanouis...

Les révolutionnaires d'aujourd'hui disent que le moment n'est pas venu de brandir une arme. Le génie d'Annam ne veut pas encore se métamorphoser en épée.

Mais le dragon de jade est toujours là. Sa couleur le rend invisible dans les eaux vertes.

Le « Fleuve limpide »

Hanoï, juin 1930.

Comme j'entrais dans le bureau du commissaire Pujol, j'aperçus, dans un coin, un jeune Annamite au visage doux. Il était accroupi et se leva pour me saluer.

Je l'aurais pris pour un boy de service mais il tenait ses mains croisées et portait sur sa chemise un numéro en chiffres noirs : 163.

Ce petit homme se nomme Thang Giang, c'est-à-dire le « Fleuve Limpide ».

Je pouvais le saluer, moi aussi, car il allait mourir.

Principal exécutant du massacre de Yen Bay, il a été condamné à mort par la commission criminelle. La décision de la commission des grâces est attendue d'un jour à l'autre. Ce peut être demain...

Il se préparait docilement à répondre à mes questions. Je ne savais que lui dire.

On m'expliqua que ce timide garçon avait dirigé la révolte pendant la nuit tragique. Il avait été, du soir au matin, maître de la caserne, du fort et de la ville de Yen Bay.

— Combien de civils, demandai-je, ont préparé avec vous cette affaire ?

— Quatre.

— Et combien de militaires ?

— Quatre caporaux.

— Quelle est votre profession ?

— Je suis cultivateur à An My.

— À quel parti appartenez-vous ?

— À l'ancien parti nationaliste.

— Quel grade aviez-vous dans le parti ?

— Agent de liaison à l'intérieur.

— Qui vous donnait des ordres ?

— Un délégué du comité central.

— Quels ordres aviez-vous reçus ?

— Gagner à la cause la garnison indigène de Yen Bay, mettre à mort les officiers et les sous-officiers français, m'emparer des établissements militaires de la ville, épargner les femmes et les prêtres, respecter la propriété privée et les églises catholiques.

— Et après ?

— Après je n'avais plus d'ordres.

— En supposant que vous ayez réussi, que deviez-vous faire ?

— Je ne sais pas. Je crois que le comité devait m'envoyer en Chine.

— Mais Yen Bay n'est pas l'Annam ! La possession d'une petite ville n'aurait pas rendu le parti nationaliste maître du pays tout entier !

— Je n'avais à m'occuper que de Yen Bay. D'autres agents devaient agir comme moi dans les autres centres, le même jour.

— Alors le 11 février 1930, toutes les villes de l'Annam devaient être aux mains de la révolution ?

— Je le croyais.

En fait, le directeur des opérations de Yen Bay n'était qu'un capitaine, suivant, sans les interpréter, dans son secteur restreint, les instructions de l'État-Major. Il devait mener à bonne fin son opération tactique. La stratégie n'était pas de son ressort.

Dans le drame, quelque chose de puéril apparaissait. Je songeais à ces rébellions d'écoliers, conçues dans l'adhésion unanime, avortées dans la défection générale. Deux ou trois naïfs tiennent seuls leurs engagements : ils payent pour les autres.

Je savais, d'autre part, que Thang Giang avait réussi à faire partager sa conviction par tous les soldats. On m'a rapporté que, le matin du 11 février, lorsque les avions qui avaient reçu l'ordre de survoler Yen Bay pour renseigner rapidement le gouvernement et la résidence d'Hanoï avaient été aperçus des rebelles, ceux-ci les avaient accueillis par des acclamations.

— Nos avions !... Nos avions !...

Ils pensaient que la révolte avait éclaté partout et ils n'ignoraient pas que le parti comptait parmi les aviateurs un grand nombre d'affiliés.

— Comment avez-vous pu, avec quatre civils et quatre caporaux, soulever toutes les troupes de la ville ?

— Chacun de mes agents s'était abouché depuis quelques jours avec un caporal de chaque compagnie appartenant à notre parti. Deux d'entre nous se sont présentes au fort, deux à la caserne. Les caporaux affiliés nous ont ouvert. Ils ont rassemblé les hommes et leur ont expliqué que la révolution s'étendrait cette nuit sur tout le territoire. L'un d'eux a fait sonner le clairon pour appeler le sergent de magasin. Le sergent est descendu pour ouvrir le magasin.

— Et, interrompit le commissaire Pujol, de votre propre main vous l'avez tué...

Le prisonnier baissa la tête.

— Oui, je l'ai tué.

— Pas un tirailleur ne vous a fait une objection ?... Vous n'avez pas rencontré de résistance parmi les hommes ?

— Ils croyaient que nous étions les maîtres et ils nous ont obéi.

— Regrettez-vous maintenant ce que vous avez fait ? demanda encore M. Pujol.

— Oui, je le regrette beaucoup.

— Avez-vous quelque chose à dire à monsieur ?

— Je le prie d'avoir pitié de moi. J'ai été un sot.

Thang Giang joignit les mains et me fit des lais. L'astucieux exécutant, l'implacable exécuteur de la révolution annamite ressemblait de plus en plus à un enfant.

Si peu sensationnelle qu'elle fût, cette courte conversation avec un condamné à mort m'avait révélé simultanément la force et la faiblesse du mouvement révolutionnaire en ce pays.

La force : car il se trouvait des hommes assez fanatiques pour obéir aveuglément aux ordres des chefs, assez crédules pour avoir foi en leur parole et en leur destin.

La faiblesse : parce que ces chefs apparaissaient inférieurs à leur ambition. Ils n'avaient pas su coordonner les ordres ni évaluer les moyens d'exécution.

Néanmoins, ces chefs qui pouvaient fixer le jour et l'heure d'une révolution nationale, ces hommes qui, en quelques instants, pouvaient retourner leurs armes contre ceux qui les leur avaient fournies et leur en avait appris le maniement... nous aurions tort de les sous-estimer.

Si imparfaite qu'elle soit, l'organisation révolutionnaire annamite mérite d'être prise en considération. La preuve est faite aujourd'hui qu'elle peut atteindre la masse populaire ; le soldat, comme à Yen Bay, ou le paysan, comme à Vinh. Elle peut organiser la rébellion spontanée de quatre compagnies de tirailleurs, le coupe-coupe ou le revolver à la main... et la manifestation pacifique, à la Gandhi, de deux ou trois mille paysans sans armes sur les routes de Ben Thuy.

Le petit secrétaire

Hanoï, juin 1930.

Celui-ci se nomme à l'état-civil Tran Nghiep ; on l'appelle en révolution Hiep Son, ce qui signifie « héros montagnard » ; mais lorsqu'on parle de lui et lorsqu'on lui parle, on dit Ky Kon... le « petit secrétaire. »

Je l'ai vu chez M. Arnoux, directeur de la sûreté du Tonkin. J'allais écrire : chez son confrère M. Arnoux. Ce dernier, en effet, dirige la police française ; mais Ky Kon dirigeait, il y a peu de jours encore, la police du Parti. Il était chef des sicaires. Lorsque le comité central avait prononcé une condamnation à mort, on transmettait au « petit secrétaire » copie authentique de la sentence, pour exécution. Celui-ci désignait les agents de service et, lorsque tout était terminé, il faisait imprimer un communiqué pour annoncer aux populations d'Annam et de France que les choses s'étaient passées régulièrement.

Ainsi, lorsque l'on trouva les corps des sœurs Trinh dans la ruelle de Metz, à Haïphong, l'explication fut aussitôt publiée :

« Le tribunal révolutionnaire, réuni le vingt-huit mai mil neuf cent vingt-neuf décide que :

Les nommées Trinh Thi Nhu dite Thao et Trinh Thi Uyen, dite Hung, coupables de trahison, sont condamnées à mort.

La section locale des sicaires du Tonkin est chargée de l'exécution de la présente décision.

Exécution faite à Haïphong le trente et un mai mil neuf cent vingt-neuf par les sicaires de la section locale du Tonkin. »

Le « petit secrétaire » a ainsi exécuté un assez grand nombre de « décisions » et il lui est arrivé, pour donner l'exemple à ses hommes, d'opérer lui-même dans les circonstances délicates et difficiles.

Il est aujourd'hui dans le bureau de M. le chef de la sûreté française, avec qui il a engagé une conversation familière qui doit être parfois plaisante, si j'en juge par les rires de Ky Kon.

M. Arnoux parle l'annamite mieux qu'un indigène et Ky Kon, m'a-t-on assuré, bien qu'il se soit instruit lui-même, emploie un langage châtié et use de la terminologie distinguée des mandarins. C'est un homme plus petit encore que les autres. Il est très maigre. Il a vingt-deux ans. Dans un visage d'écureuil, ses yeux pétillent. Il se tient debout ; lorsqu'il s'anime, il semble oublier sa situation de captif. La chaîne qui enserre ses poignets croisés l'un sur l'autre ne lui permet qu'un seul geste toujours le même : l'élévation des deux bras vers le ventilateur du plafond.

Le « petit secrétaire » rit de bon cœur, ses épaules sont secouées, il semble se détendre ici, dans la conversation d'un homme intelligent, des longues heures monotones de la cellule.

Pourtant, ce jeune chef enchaîné peut compter les mois, les semaines même, pendant lesquels il doit encore vivre : il a été arrêté voici dix jours. Sa tête était mise à prix depuis longtemps. L'instruction ne traînera pas, car il a tout avoué.

L'assassinat du Jardin botanique, c'est lui ! L'attaque de l'autobus sur la route de Song Tai, c'est lui ! Ce qu'il n'a pas accompli de sa main, il l'a préparé et ordonné. Chacun de ses crimes vaut la peine capitale ; il en a vingt. La cour criminelle le condamnera à mort à son tour.

Soudain son visage extrêmement mobile est devenu sérieux.

La conversation a dû prendre un tour grave. M. Arnoux a dû parler de la doctrine du Parti, des buts de la révolution... Le « petit secrétaire » lui répond posément, sans chercher ses mots, en ponctuant ses phrases, avec le désir évident d'expliquer, de convaincre.

Sur ma demande M. Arnoux s'est informé du passé du prisonnier, de son enfance.

Ky Kon est né rue de la Laque, dans le plus pittoresque quartier d'Hanoï. Son père tenait boutique de bijoutier. Cela ne veut pas dire qu'il fut riche. Le fonds comprenait des bibelots d'argent, des anneaux, des lampes, des pipes...

Je l'interroge à mon tour.

— Si vous aviez si peu de foi dans le succès, pourquoi avez-vous persisté ?

Il me répond :

— On doit toujours commencer ; d'autres continuent. Nous ne pouvons pas réussir aujourd'hui ; on aboutira plus tard.

— À quoi ?

— À chasser les Français du pays d'Annam.

— Est-ce en assassinant nos compatriotes que vous atteindrez ce but ?

— Je punis les traîtres. Si je tue quelqu'un, c'est pour le bien public. Vous n'avez pas fait la révolution sans tuer des gens ?

— Et vous pilliez les voyageurs...

— La révolution a besoin d'argent. Il y avait dans l'autobus de riches commerçants chinois qui allaient au marché s'approvisionner de riz. Je leur ai dit : « Je suis chargé de prendre aux riches ce qu'ils ont de trop pour le donner aux pauvres. »

— Vous êtes communiste ?

— Je suis simplement républicain, comme vous. Je souhaite pour mon pays ce que vous avez obtenu pour le vôtre : un gouvernement démocratique, le suffrage universel, la liberté de la presse, la reconnaissance des droits de l'homme et du citoyen et, pour commencer, l'indépendance !

Il déclare encore :

— Si les Français nous aimaient, ils nous verraient malheureux !

Et il ajoute :

— Les plus malheureux sont les vieillards, parce qu'ils ne voient pas. Nous vivons sans lumière, comme les vieillards ; nous sommes un peuple dans l'obscurité.

Sur ces mots, le « petit secrétaire » a été reconduit dans sa cellule.

Il y a dans les prisons de ce pays d'autres chefs : Giao Lanh, « l'éducateur des hommes » ; Thuy Son, « l'eau et la montagne » ; Tang Giong, le « fleuve bleu »... et cent autres, des lettrés, des autodidactes, des jeunes, des vieux.

M. Arnoux, qui est leur plus terrible ennemi, les poursuit impitoyablement, mais il ne les méprise pas.

J'ai suivi mon frère !

Phu Tho, juin 1930.

Pour saisir l'action de ces hommes sur le peuple des paysans, je suis allé à quelque cent kilomètres d'ici, dans la ville de Phu Tho, où la commission criminelle jugeait une fournée de quatre-vingt-cinq conjurés.

C'est encore la fameuse nuit du 10 au 11 février qui allait être évoquée devant moi.

On sait que le massacre de Yen Bay ne devait pas être isolé. À la même heure, toutes les garnisons jaunes devaient retourner leurs armes contre les chefs blancs.

Parmi les garnisons, celle de Thanh Hoa n'est pas la moins importante. La jolie ville aux avenues plantées de flamboyants est dominée par une citadelle en briques qui est l'insigne de sa noblesse, car elle est le berceau de trois dynasties, dont la dynastie actuelle des Nguyen.

Non loin de la citadelle, dans le faubourg de Hung Hoa, s'étendent les vastes casernes françaises, neuves et confortables. La prise de cette cité devait donc être à la fois une opération politique et militaire.

L'action dans ce secteur avait été confiée à un vieux lettré dont le surnom révolutionnaire, Su Nhu, se traduit par *Situation politique actuelle* !

Su Nhu et son lieutenant Do Thuy, moins habiles que leurs camarades de Yen Bay — quatre hommes et quatre caporaux — avaient cru pouvoir engager une action ouverte. Ils avaient levé dans la province une véritable armée révolutionnaire munie de bombes, de bidons de pétrole, de coupe-coupe, de sabres et de quelques armes à feu.

La troupe téméraire marcha sur la caserne et vers la citadelle. Elle fut accueillie par les fusils et les mitrailleuses des tirailleurs fidèles. Su Nhu tomba mortellement blessé.

Quatre-vingt-cinq des conjurés furent arrêtés. Je les ai vus hier, à Phu Tho.

Le tribunal s'était installé dans un vaste hangar dépendant de la résidence. Six énormes pancas actionnés par des miliciens battaient l'air de l'immense étuve. Devant une simple table garnie, en guise de tapis, d'une couverture de lit, se tenaient les quatre juges. M. Poullet-Osier, inspecteur des affaires politiques, présidait en uniforme blanc, brodé d'or. Un seul magistrat en robe noire siégeait parmi les assesseurs. Le greffier et l'interprète étaient assis près de la barre. Des gendarmes kaki et légionnaires formaient contre les murs une haie de leurs fusils, baïonnette au canon.

À terre, accroupis en file indienne, serrés les uns contre les autres, les accusés attendaient chacun son tour de comparaître en agitant son éventail.

À l'appel de son nom, chacun se dressait, s'avançait à la barre ; l'un grave, l'autre penaud, l'autre sournois.

Deux jeunes avocats — j'allais les oublier, tant ils tenaient peu de place — les regardaient sans intérêt. Ils avaient assumé à eux deux la défense de quatre-vingt-cinq clients dans un même procès !

En trois audiences, tout devait être expédié. Cette cour criminelle fonctionnait à l'allure vertigineuse d'un tribunal de simple police.

— Allons ! Déposez votre éventail, tenez-vous bien. Vous reconnaissez être affilié au Viet Nam?

— Non, il ne le reconnaît pas, disait l'interprète.

— Dans la nuit du 10 au 11 février, on vous a remis des bombes ?

— Non, des bidons de pétrole, corrigeait l'interprète.

— On vous a remis des bidons de pétrole et vous avez marché sur Thanh Hoa avec la bande de Su Nhu ?

— Il reconnaît.

À ce moment, l'accusé commençait une longue phrase :

— Que dit-il ?

— Il dit qu'il voulait libérer sa patrie et il entame un discours.

— Qu'il aille s'asseoir ! La commission appréciera.

Un gamin de quinze ans vint à la barre et déclara :

— J'ai aidé mon frère à accomplir une œuvre de justice.

Un paysan de quarante ans, répondit :

— Je ne fais partie d'aucune société secrète, mais je suis Annamite, j'ai pitié de mes compatriotes dans le malheur. J'ai donc participé à l'attaque.

Un autre :

— Je n'y suis pas allé parce que j'avais mal aux yeux. Mais si j'avais été bien portant, j'aurais fait comme tout le monde.

Quelques défaillants cherchent des excuses :

— L'action directe n'est pas dans mes idées mais j'ai été obligé de suivre Su Nhu.

— J'ai prêté ma maison pour la fabrication des bombes. Si j'avais refusé, on se serait vengé de moi.

Su Nhu est mort, mais son lieutenant Do Thuy a comparu. Il était vêtu d'une tunique noire, d'un large pantalon blanc, une petite moustache semblait brodée sur sa lèvre supérieure. Impatient d'en finir, il dédaignait toute déclaration et se contentait d'approuver :

— Reconnaissez-vous...

— Je reconnais !

— Pourquoi répond-il avant que je l'interroge !

— Il dit qu'il reconnaît tout ce que l'on voudra et qu'il est coupable de tout.

— Qu'il aille s'asseoir.

Après d'autres interrogatoires, un milicien attachait quatre hommes par une main à une chaîne commune. Ainsi liés en étoile, de leurs quatre mains libres, chacun tenant un éventail, ils rentraient au cachot.

Ce matin, à midi, tout a été terminé.

J'ai vu, à Phu Tho, de simples paysans incultes, des nhaqués. Ils n'appartiennent à aucun parti, mais ils obéissent aux chefs nationalistes lorsque ceux-ci les persuadent que le « grand soir » est arrivé.

Il est donc faux de prétendre que la fièvre révolutionnaire annamite n'a pas gagné les masses populaires.

Beaucoup de Français d'Indochine haussent les épaules et répètent :

— Toute cette agitation est le fait d'une poignée d'intellectuels mécontents : le nhaqué s'en fiche !

Moi, je note simplement que quatre compagnies de tirailleurs se révoltent à Yen Bay ; que mille paysans marchent en armes sur la citadelle de Thanh Hoa et deux mille sans armes sur les usines de Ben Thuy.

Ces masses d'hommes surgissent de la terre d'Annam, des rizières, des paillotes de pisé et de bambou, des jonques sur le fleuve boueux, des petits villages dissimulés sous les arbres... Ce sont les puiseurs d'eau, les racleurs de vase, les conducteurs de buffles...

À quoi bon nier ?

Le mouvement révolutionnaire d'Annam a une tête et un corps !

Je m'efforcerai d'expliquer comment et pourquoi ces chefs peuvent être suivis par le peuple... quel lien existe entre le « petit secrétaire » qui se réclame des Droits de l'homme et le nhaqué de quinze ans qui dit : « J'ai suivi mon frère ».

Punir un village

Co Am, juin 1930.

Ce village a été puni.

J'en ai vu d'autres, chemin faisant, qui avaient subi la peine de dégradation : leur ceinture de bambous avait été arrachée comme les galons, les parements et les boutons d'un soldat déshonoré. Un village d'Annam sans clôture c'est une musulmane sans voile. On est choqué. Ici, depuis des siècles, la vie communale se cache sous les arbres et s'enferme entre les haies. Le moindre hameau est à l'abri de la route ; on peut le côtoyer sans le voir, on le devine lorsqu'on aperçoit, coupant le monotone damier des rizières, un boqueteau, un petit bois. On sait qu'il se dissimule sous le feuillage et qu'il y a, dans la verdure, vingt ou trente maisons ayant chacune son autel des ancêtres au-dessus du bas-flanc, avec les noms familiaux écrits en caractères d'or sur les tablettes de laque rouge, le brûle-parfum de cuivre à couvercle orné de dragons et les bâtonnets pieux qui se consument...

Chaque maison a ses ancêtres, chaque village a ses génies communs à toutes les maisons, à toutes les familles et ses biens qui n'appartiennent à aucun particulier. La vie familiale est prolongée dans la vie communale ; la commune est ici une personne vivante, elle a un visage et une âme.

Je suis aujourd'hui à Co Am où m'a conduit mon ami Pham. Et Co Am... c'est la plus séditieuse de toutes les communes du Tonkin.

S'il fallait un argument de plus pour convaincre de leur erreur ceux qui croient à l'indifférence politique du paysan annamite, je dirais que les autorités françaises ont jugé opportun de châtier tout un village.

Co Am, le 16 février 1930, a été bombardé par une escadrille aérienne. « Cinq avions, écrivirent les journaux, après avoir lancé cinquante-sept bombes de dix kilos, mirent leurs mitrailleuses en batterie, fauchant Co Am et la campagne environnante. »

Je suis ici dans un fameux repaire ! L'on m'a dit que depuis toujours il y a eu autant de révolutionnaires à Co Am que de bambous autour de son enceinte.

Deux grandes familles dominent le lieu : celle des Dao et celle des

Tran. Dans cette belle maison de briques, au centre d'un jardinet orné de lions de faïence, habite l'un des plus illustres parmi les Tran : Son excellence Tran My, ancien *tong doc* (préfet), chevalier de la Légion d'honneur.

J'avais suivi une route bordée par un canal où circulaient de petites jonques. La rizière s'étendait à perte de vue comme le champ de blé dans la Beauce. Çà et là, une pagode, avec des animaux rituels sculptés ou peints sur les murs, annonçait un village invisible. Et, d'un seul regard, on découvrait quatre, cinq, six clochers d'églises neuves, bâties par les missionnaires espagnols. J'arrivai jusqu'au marché grouillant, où je pus acquérir, pour une sapèque (un demi-sou) neuf minuscules gâteaux de riz. J'attendis, en les grignotant, l'arrivée des notables que de jeunes coureurs étaient allés prévenir.

Le chef du conseil et son subalterne, le maire délégué, arrivèrent bientôt, portant le parasol qui me devait honorer. À dix mètres, les mains jointes, ils me dédièrent trois saluts plongeants auxquels je répondis en soulevant trois fois mon casque.

Le maire, d'un bras tendu infatigable, élevant très haut le parasol au-dessus de ma tête, nous avançâmes lentement dans les ruelles. Je voulais voir les ruines... mais les maisons de pisé se reconstruisent vite, si bien que les endroits bombardés étaient indiqués précisément par les murs les plus neufs, par les habitations les plus coquettes.

— C'était ici la maison de M. Mai, m'expliquait le maire. Il se tenait dans la cour avec sa femme et quatre enfants... Les enfants montèrent sur la margelle du puits pour voir les aéroplanes. Une bombe est tombée. Ce toit s'est effondré sur eux ; la cour ressemblait à un chantier de démolition ; en déblayant on a trouvé les six cadavres.

— Combien de morts en tout ?

— Vingt et un.

— Combien de femmes ?

— Cinq.

— D'enfants ?

— Six.

— Parmi les hommes, combien de révolutionnaires ?

— Aucun.

— M. le résident m'a dit que beaucoup de séditieux sont tombés ; leurs corps ont été enlevés dans la nuit.

— Si le résident l'a dit, c'est qu'il le sait. Moi, je ne le sais pas.

— M. le résident a ajouté que les habitants ont tiré des coups de fusil sur les aviateurs.

— Il n'y a ici que des fusils de chasse. Je n'aurais pas cru qu'on pouvait penser tuer de grands oiseaux avec de petits plombs. Mais je puis ignorer bien des choses que M. le résident connaît.

Mes hôtes me répondaient avec autant de cérémonie que de prudence. Je demandai encore :

— Si vous n'êtes pas tous des révolutionnaires, pourquoi avez-vous caché ici les assassins du sous-préfet de Vinh Bao ?

— Nous avons craint leur vengeance.

Ce village a été puni.

L'article 61 du Code pénal annamite stipule :

« Le conseil des notables sera responsable des vols commis en bandes, des assassinats, meurtres, blessures ou tous actes de violence commis au préjudice des personnes étrangères à la commune s'il est convaincu de ne leur avoir porté, le pouvant, le secours dont il était requis...

ART. 64. — Il appartiendra au tribunal, suivant les faits et circonstances, de prononcer la responsabilité, soit personnellement entre chacun des membres formant le conseil des notables, soit, en prononçant cette responsabilité, de dire qu'elle sera collective comme étant celle du village lui-même. »

Le crime du village

Je ne veux écrire ici ni un plaidoyer ni un réquisitoire. Ayant exposé le châtiment, il faut que je raconte le crime. C'était dans cette campagne, sur cette route, au bord de ce canal, dans la nuit du 15 au 16 février. À Yen-Bay, à Phu Tho, à Hanoï et autres lieux, la révolution était déjà vaincue depuis quatre jours. Mais Co Am n'admettait pas cette défaite. On n'avait pas encore de nouvelles des villes lointaines. Peut-être le parti triomphait-il à Huê, à Vinh, à Tourane, à Saïgon. Partout sur la terre d'Annam, du Tonkin, jusqu'en Cochinchine, le peuple devait tuer les Français et leurs « valets », les mandarins... Le mandarin de cette province siégeait à dix kilomètres d'ici à Vinh Bao. Il se nommait M. Hoang Gia Mo ; il était le neveu d'un des plus fidèles amis de la France, le préfet de Hadong ; on lui reprochait d'être devenu très riche, d'avoir deux autos, beaucoup de terres sous le soleil, beaucoup de papiers précieux dans ses coffres.

Les deux familles des Dao et des Tran, représentées par Dao Van Thiêu l'instituteur, Dao Van Lien et Tran Quang Diêu, le propre cousin de Tran My, chevalier de la Légion d'honneur, réunirent trente de leurs amis dans la maison de Diêu.

Le plan fut vite adopté.

Armée de coupe-coupe, de lances et de quelques bombes en ciment, la petite troupe devait, par surprise, s'emparer de la sous-préfecture qu'on appelle ici le *Huyen* et du mandarin sous-préfet, ou *Tri Huyen*.

Ainsi, maîtres du poste de commandement, on proclamerait dans la ville la révolution accomplie.

Le récit, que je vais écrire m'a été fait sur les lieux mêmes où l'action s'est déroulée, par deux hommes qui se défendent d'avoir participé au crime, mais qui prétendent en avoir suivi toutes les péripéties. Je ne chercherai pas à expliquer la contradiction.

Je vois à mi-chemin, entre Co Am et Vinh Bac, un pagodon où l'on accède par un pont sur le canal. Les trente conspirateurs s'y arrêtèrent. Une nouvelle conférence eut lieu pour décider de la tactique à employer. Après quelques controverses on préféra la ruse à la force.

On décida que Diêu, qui était dans les meilleurs termes avec le sous-préfet irait jusqu'en sa demeure lui tendre un piège.

Une heure plus tard, Diêu sonnait à la porte du joli jardin de la sous-préfecture de Vinh Bao et demandait au milicien de planton la faveur de parler à son maître pour une affaire urgente.

M. Hoang s'habillait rapidement et accueillait son informateur.

— Une réunion de suspects se tient en ce moment à Co Am, lui annonça celui-ci. Si vous désirez la surprendre, vous n'avez qu'à venir avec vos miliciens.

La garde du corps de ce mandarin se composait de quatre hommes. M. Hoang ordonna à son greffier et à trois miliciens de suivre l'indicateur.

— Prenez des pousses. Vous m'attendrez à l'entrée du village. Je vais avec ma voiture jusqu'au poste de la garde indigène de Ninh Giang demander du renfort.

Ainsi fut fait.

Diêu, le greffier et les trois hommes se dirigèrent jusqu'au pagodon où la déception fut vive de voir que le gros gibier prévu n'avait pas été pris. On se contenta de jeter sur le greffier, les hommes et les coolies, quelques bombes qui les effrayèrent par leur bruit sans les blesser de leurs éclats. Tous s'enfuirent. On ne les revit plus de huit ou dix jours.

Ainsi débarrassés de la milice, les trente conjurés se dirigèrent vers la sous-préfecture, vide de défenseurs. Un seul planton gardait les habitants de la maison : Mme Hoang, sa jeune nièce et quelques boys. Il se laissa désarmer. Les conjurés s'installèrent dans la place, réveillèrent le cuisinier et commandèrent un repas.

Pendant qu'on tuait les canards et qu'on préparait la savoureuse farce aux graines de lotus, la troupe se scinda en trois tronçons : dix hommes gardant la place ; dix hommes postés sur la route pour attendre l'auto du sous-préfet à son retour de Ninh Giang ; dix hommes répandus dans la grande rue pour proclamer à la ville l'avènement de la révolution.

Cependant, à Ninh Giang, M. Hoang se méfiait. Ayant requis quatre hommes de la garde indigène, il les installa dans sa voiture, prit lui-même un pousse et suivit de loin.

Le groupe en embuscade eut donc une deuxième déception lorsqu'il vit que l'auto attendue ne transportait pas celui dont il avait mission de s'emparer.

Une nouvelle attaque avec les bombes donna les mêmes résultats qu'à l'escarmouche du pagodon. Les miliciens et le chauffeur, abandonnant la voiture, se dispersèrent dans la nuit sans avoir songé à faire usage de leurs armes...

Enfin on aperçut à la clarté lunaire un point noir à l'horizon... le sous-préfet dans son pousse.

Celui-ci, lorsqu'il reconnut sa voiture vide sur le bord de la route, bondit dans la rizière et disparut à son tour.

Avec ou sans ce prisonnier de marque, les trente conjurés de Co Am n'en étaient pas moins les maîtres de Vinh Bao. À la sous-préfecture, le festin était servi ; les canards au lotus, le riz assaisonné de nuoc mam, les nems frits, les omelettes de crabes, le bouillon de poulet au vermicelle... le tout arrosé non point du piètre alcool de la régie, mais des meilleurs vins français de la cave mandarinale : d'authentiques bourgognes de hauts crus et champagnes de grandes marques.

Les notables et le peuple de Vinh Bao avaient entendu les orateurs proclamer : « Nous sommes les nouveaux mandarins. Vous êtes invités à célébrer dignement cette nuit révolutionnaire. »

Une délégation des habitants se forma pour faire aux convives de la sous-préfecture les lais les plus respectueux. On brûla les papiers votifs ainsi qu'il est d'usage pour les fêtes et l'on tira la joyeuse salve de pétards réglementaire.

Tandis que s'accomplissaient les rites l'ancien mandarin, la robe déchirée, ayant franchi des cours et sauté des haies, avait atteint une pauvre demeure de paysan. Le nhaqué, tout effaré de le trouver là et dans cet état, eut peine à reconnaître son chef prosterné devant lui :

— Cache-moi ! Je te demande la vie pour moi, pour ma femme et ma petite nièce.

— Je ne suis pas votre protecteur mais votre protégé, lui répondit le paysan.

Il lui tendit, pour le déguiser, sa veste de toile rouge, l'installa dans la cuisine, lui donna du riz et du thé.

M. Hoang pouvait se croire sauver lorsqu'on frappa à la porte. Une congaïe entra et s'adressant au paysan :

— Je sais que vous cachez notre mandarin, on l'a vu entrer chez vous. Il n'y est pas en sûreté. Qu'il vienne chez mon mari, nous lui offrirons un abri où personne ne pourra le trouver.

M. Hoang suivit la femme jusqu'en sa demeure.. On déplaça dans la cour deux meules de paille, on enleva quelques gerbes pour y ménager une niche. Ainsi enfoui, les gerbes ayant été remises sur les meules, le sous-préfet de Vinh Bao attendit le destin.

Le destin... c'était la trahison.

La congaïe avait agi sur l'ordre de son mari qui désirait livrer lui-même le prisonnier, afin de s'attirer les faveurs du nouveau gouvernement. Celui-ci courut à la préfecture et arriva au milieu du banquet. Les trente convives se levèrent de table pour suivre leur indicateur. Ceux qui n'avaient pas d'armes empruntèrent à une panoplie de belles lances anciennes en cuivre ocellé.

Arrivés devant les meules, ils lancèrent deux bombes et tirèrent un coup de fusil dans la paille.

— Veux-tu sortir d'ici, Hoang ! Tu es l'oppresseur du peuple, le valet de la France, le plus grand concussionnaire du Tonkin.

L'homme traqué n'avait pas été atteint. Piqué à travers la paille par les lances, il sortit et fit des lais désespérés autour de lui :

— Je suis le seul soutien d'une femme, d'une nièce, d'un vieux père ; laissez-moi vivre pour eux. Je ne vous demande que la vie. Je vous distribuerai toutes mes richesses, toutes mes terres. Je fais le serment de ne rien garder et de travailler dans la rizière à votre service comme le dernier des coolies.

Plusieurs voix lui répondirent :

— Tu es un voleur.

— Tu es un barbare.

— Tu appartiens à une famille vendue aux Français.

Et chacun lui donnait des coups de lance et de sabre.

Les jarrets fendus, le corps en sang, le mandarin s'effondra. On lui passa un bambou dans la ceinture et deux coolies porteurs furent réquisitionnés. À moitié soulevé, les deux jambes et les deux bras ballants, traînant dans la boue, M. Hoang fut porté comme un bétail jusque dans la rue. Il eut encore la force de supplier.

Alors M. Tran Quang Diêu, de la famille des Tran, le neveu de Tran My, chevalier de la Légion d'honneur, imposa le silence et parla :

— Nous venons ici pour chasser les Français et tous ceux qui les servent. Ce mandarin est un de ceux qui nous a le plus cruellement opprimés ; il a été le plus précieux auxiliaire de nos ennemis. Il est coupable dans sa personne, il est coupable dans sa famille ; nous le condamnons à mort !

Les porteurs de lances ont alors frappé le « condamné » chacun à son tour. Puis les porteurs de coupe-coupe lui ont fait chacun une entaille sur le corps.

Enfin, sur l'ordre de Diêu, une balle tirée à bout portant mit fin au supplice.

Le cadavre fut assis sur un pousse et conduit jusqu'au canal où il fut jeté.

Les trente conjurés rentrèrent à la sous-préfecture et reprirent le festin interrompu. Le lendemain, quarante hommes de la garde indigène, conduits par l'inspecteur Rigail, arrivèrent sur les lieux. Les « nouveaux mandarins » abandonnèrent Vinh Bao sans combattre pour rentrer à Co Am dans leurs familles.

L'après-midi, cinq avions bombardèrent le village des rebelles. Quelques heures après, M. Robin, résident supérieur du Tonkin, adressait à tous les résidents la dépêche suivante :

« Village Co Am, province de Hai Duong, où s'était réfugiée bande rebelles ayant mis à mort sous-préfet de Vinh Bao, a été bombardé hier par escadrille Hanoï. Vous prie donner large publicité et ajouter que tout village qui se mettra dans situation analogue subira impitoyablement le même sort. »

Tels sont les faits.

Les notables de Co Am, le maire, élevant toujours au-dessus de ma tête le parasol de cérémonie, m'ont reconduit jusqu'au marché. Ils se sont de nouveau inclinés trois fois profondément, en joignant les mains pour me saluer à la mode asiatique ; je leur ai encore répondu à l'européenne, par trois coups de chapeau.

Le « Grand Professeur »

Yen Bay, 16 juin 1930.

Demain matin vont être exécutés ici treize nationalistes, sur les trente-neuf condamnés à mort, par l'arrêt du 23 mars 1930 de la cour criminelle de Yen Bay.

Ce sont des chefs.

La clémence présidentielle a sauvé les têtes de second plan.

Nguyen Thaï Hoc, c'est-à-dire le « Grand Professeur » ira le dernier à l'échafaud. Il a revendiqué ses responsabilités. Par cette suprême décollation, ce n'est point seulement l'homme, mais le parti qui sera dans quelques heures décapité.

Le « Grand Professeur » est âgé de vingt-six ans ; il a étudié à l'école de commerce de l'université indochinoise. Impatient de jouer un rôle politique, ses premières bombes furent des lettres, des projets économiques, des plans de réformes, qu'il adressait au gouverneur général. Dépité de ne recevoir même pas un accusé de réception, le jeune Nguyen fonda en 1927, le parti nationaliste annamite qui rayonna bientôt sur tout le Tonkin et dont la dangereuse activité valut à son introuvable président plusieurs condamnations par défaut : vingt ans de détention par la commission criminelle de Hanoï, travaux forcés à perpétuité par le tribunal provincial de Thaï Binh...

Devant la commission criminelle de Yen Bay, il a refusé de répondre :

— Je comparais devant la force, non devant la justice.

Je n'ai pas vu Nguyen, le « Grand Professeur », mais j'ai lu une lettre écrite par lui en prison, adressée à MM. les députés, et qui n'est jamais parvenue à ses destinataires. Ce document, rédigé en mauvais français, est trop long pour être reproduit intégralement. J'en transcris quelques passages dont j'ai rectifié les incorrections, mais dont j'ai respecté scrupuleusement le sens :

« Messieurs les députés.

En équité : le droit de tout citoyen est de vouloir sa patrie libre. En humanité : le devoir de tout individu est de secourir son frère malheureux.

Que vois-je ? Depuis plus de soixante ans ma patrie est asservie par vous, Français. Mes frères souffrent sous votre domination, ma race est menacée dans son existence. J'ai donc le droit et le devoir de défendre mon pays et mes frères.

J'avais d'abord pensé atteindre ce but en collaborant avec vous. Mes échecs répétés m'ont conduit à comprendre que les Français ne désiraient pas sincèrement cette collaboration et qu'il me serait impossible de servir mes compatriotes aussi longtemps que vous serez les maîtres de mon pays.

J'ai alors, en 1927, organisé le parti nationaliste annamite dont l'action devait tendre :

1. à chasser les Français du territoire ;

2. à former un gouvernement républicain annamite sincèrement démocrate.

Je me rends personnellement responsable de tous les événements politiques survenus dans mon pays depuis cette date et organisés par moi. Je suis le seul et vrai coupable, ma mort doit donc suffire. Je demande grâce pour les autres.

Ceci dit, je tiens à vous déclarer que si les Français veulent désormais occuper l'Indochine en toute tranquillité, sans être gênés par aucun mouvement révolutionnaire, ils doivent :

1. abandonner toute méthode brutale et inhumaine ;

2. se comporter en amis des Annamites, non plus en maîtres cruels ;

3. s'efforcer d'atténuer les misères morales et matérielles en restituant aux Annamites les droits élémentaires de l'individu : liberté de voyage, liberté d'instruction, liberté d'association, liberté de la presse ;

4. ne plus favoriser la concussion des fonctionnaires ni leurs mauvaises mœurs ;

5. donner l'instruction au peuple, développer le commerce et l'industrie indigènes...

Veuillez agréer, Messieurs les députés, l'expression de mes sentiments de respect.

Votre ennemi, le révolutionnaire,

THAÏ HOC.

Droit et Vertu

Yen Bay, même date.

L'avant-dernier supplicié, celui qui précédera immédiatement le « Grand Professeur », sera vraisemblablement Pho Duc Chinh dont le nom signifie « droit et vertu ».

C'est un jeune homme de vingt-trois ans ; la prison doit l'avoir amaigri. Son précoce embonpoint, si rare chez ceux de sa race, l'aurait fait prendre pour un Chinois s'il n'avait eu la petite taille ordinaire des Annamites. Il n'y a pas sur son visage cette expression sournoise, cette réticence inquiétante et mystérieuse qui nous choquent si souvent chez les hommes de ce pays. Son regard est franc, intelligent, avec je ne sais quoi d'enfantin.

« Droit et Vertu » n'est pas un nhaqué. Il a étudié au lycée et il a servi l'administration française comme agent technique des travaux publics. Mais il se sentait l'âme d'un chef. Lorsque le parti nationaliste eut perdu quelques-uns de ses membres les plus actifs, à la suite des arrestations de février 1929, il s'offrit au « Grand Professeur », qui le prit à ses côtés comme lieutenant.

Son impatiente jeunesse ne pouvait concevoir un mouvement révolutionnaire à portée lointaine. Il lui fallait agir vite et obtenir des résultats immédiats. Il dut rêver sérieusement que la sanglante nuit du 9 au 10 février 1930 se terminerait par l'aurore de l'indépendance.

C'est lui qui prépara le plan d'ensemble.

Il vécut de fiévreuses semaines, le pinceau à la main, conduisant sur le papier toutes les troupes annamites à l'assaut de la domination française. Sa témérité ne prévoyait d'échec dans aucun centre. Un général expérimenté eût envisagé la possibilité d'une retraite. Le juvénile stratège avait conçu l'attaque de telle sorte qu'une seule escarmouche perdue devait entraîner la défaite générale.

Ainsi s'était-il réservé la plus importante bataille et devait-il conduire lui-même l'assaut de Son Tay. Les troupes, dont il devait prendre le commandement pour s'emparer de la ville, étaient tout simplement composées par les quatre compagnies de tirailleurs de Yen Bay et par les miliciens de Hung Hoa ! Le général passa la tragique nuit à attendre ses hommes, mais les tirailleurs, effrayés par le soleil, étaient rentrés dans leurs casernes et les miliciens n'en étaient jamais sortis...

Il demeura seul devant les vieilles murailles du roi Minh Mang, que franchit, il y a quarante-trois ans, avec bien peu de soldats, un autre chef plus expérimenté : l'amiral Courbet.

Devant la commission criminelle « Droit et Vertu » a eu une attitude digne, exempte de forfanterie. Il a revendiqué simplement ses responsabilités. Seul, de tous les condamnés à mort, il a refusé de signer son pourvoi devant le conseil du protectorat.

D'autres hommes vont mourir demain.

La petite ville de Yen Bay est fort animée. On me dit qu'elle conserve son aspect de tous les jours. Les boutiques ouvertes avec leurs étalages sales et bariolés, leurs enseignes en bannières, paraissent très achalandées.

Quelques patrouilles circulent. Les tirailleurs ont les jambes serrées dans les molletières bleues mais leurs pieds nus rendent leur marche silencieuse.

Viet Nam ! Viet Nam ! Viet Nam !

(CÂBLOGRAMME DE L'EXÉCUTION)

Yen Bay, 17 juin, 6 heures du matin.

Viet Nam ! Viet Nam ! Patrie du Sud ! Patrie du sud !

Ici le petit jour réglementaire se confond avec la nuit. Il est 6 heures ; il n'y a pas vingt minutes que le soleil s'est annoncé en colorant de carmin le bois des Laquiers... et tout est fini.

Treize hommes ont subi le châtiment.

Cela se passait dans un pré qui aurait pu être un terrain de football et qui est encadré par quelques bâtiments neufs, sans étage, propres et coquets, de style colonial : la caserne de la garde indigène, la maison des passagers... Je logeais dans la maison des passagers et j'ai été éveillé cette nuit par des voix, des ordres, des coups de marteau. On dressait la machine à cinquante mètres de ma chambre à coucher ! Je suis sorti en sandales et en pyjama et j'ai aperçu dans la cour de la caserne indigène de longues caisses rangées comme des dominos ; j'en comptai quinze et je demandai :

— Ils sont donc quinze ?

— Non, treize, mais le chiffre a été tenu secret jusqu'à la dernière minute et nous avons compté largement pour ne pas être pris au dépourvu.

Je suis rentré, je me suis étendu sous la moustiquaire, sur mon drap moite. Le travail était fini au milieu du pré. Les coups de marteau ont cessé, les voix se sont tues. Le silence s'est emparé de la nuit ; les insectes se sont emparés du silence.

La sauterelle dit : « cricri » ; le margouillat dit : « tectec » ; le toquet dit : « tock qué » ; la cigale brise ses entrailles sonores et le crapaud-buffle meugle comme un ruminant. Pourtant, ce vacarme est encore du silence lorsque nul être ne parle plus.

C'était une nuit d'été tonkinois, si chaude qu'on aurait voulu demander grâce, toute remplie d'humidité, empestée ou parfumée — on ne sait plus — par la pourriture végétale. Des cancrelats mordorés avaient entrepris l'ascension de mon lit, de stupides sauterelles se heurtaient contre l'ampoule électrique que j'avais laissée allumée.

Au bout d'une heure ou deux, les hommes sont revenus, mais on les entendait à peine : huit cents pieds nus de tirailleurs frappaient l'herbe. La garnison de Yen Bay se rangeait en carré aux quatre limites du pré.

Je me suis habillé et j'ai rejoint un groupe d'Européens qui se tenaient devant le mur de la garde indigène. En face de nous, de l'autre côté du champ, derrière la haie des deux sections de tirailleurs et de la section de l'infanterie coloniale, je voyais le public indigène assez réduit et parfaitement silencieux.

À cinq heures moins cinq, le premier homme déboucha en haut du petit raidillon qui conduit de la prison à la prairie. Je dis : le premier homme, c'était plutôt un groupe : quatre fantassins coloniaux, baïonnette au canon, deux fantassins coloniaux sans armes, pour parer à la défaillance physique des suppliciés pendant le court trajet. La petite troupe était conduite par le résident de Bottini. Elle atteignit, au pas accéléré, cette chose qui était surgie peu à peu de l'ombre, qui s'était dessinée dans l'aurore et qui ressemblait à un agrès de gymnastique. La guillotine à ras de terre, une planche à peu près de la taille d'un homme, est dressée devant la lunette... Les soldats s'écartent, le petit supplicié en sarrau blanc apparaît. Alors, M. d'Hanoï, le bourreau annamite, lui met la main sur l'épaule et lui parle, il le conduit sans cesse de l'exhorter jusque devant la planche... qui bascule comme une trappe.

— Que lui a-t-il dit ?

— Il lui a dit : n'aie pas peur, on ne sent rien...

Le petit groupe est retourné à la prison pour chercher le suivant.

Treize fois, M. de Bottini a interrompu l'homme en train de tirer avidement les bouffées de tabac noir par le tuyau de la pipe à eau, la *caï dieu*, et il a signé treize levées d'écrou.

Presque tous les condamnés avaient accepté, avec le verre de chum-chum, les bons offices des missionnaires, les pères Méchet et Dronet, qui leur proposaient de transmettre leurs dernières volontés à leurs familles ; presque tous ont écrit une ultime lettre.

Les deux derniers exécutés ont été Pho Duc Chinh, « Droit et Vertu » et Nguyen Thaï Hoc ou le « Grand Professeur ». L'un était le lieutenant, l'autre le fondateur et président du parti nationaliste annamite.

Avant eux avaient expié : Bui le Conciliant, Bui le Messager, Nguyen le Pacifique, Ha le laborieux, Duc le Mesquin, Nguyen le Prospère, Nguyen le Bienfaiteur, Nguyen le Charitable, Nguyen le Puits de pierres précieuses, Ngo le Séducteur, Do le Quatrième fils. Tous m'ont paru marcher sans forfanterie et mourir simplement.

Afin que le secret de l'exécution fût gardé jusqu'au dernier instant, les treize condamnés ont été transférés, pendant la nuit, d'Hanoï à Yen Bay, par train spécial.

La machine est arrivée sournoisement, dans l'obscurité.

En ville, nul ne se doutait de rien. Le fourgon qui transportait la guillotine a croisé devant la place du marché une colonne de pitres et de clowns qui faisaient en musique la parade, dans les rues de la ville, pour attirer le public jusqu'à leur cirque ambulant.

Yen Bay, 17 juin 1930, 12 heures.

Il était six heures, ce matin, lorsque je vous ai câblé. J'ai dû me hâter, je n'ai pu tout dire.

Avant l'aurore, autour de la machine éclairée par quelques lampes électriques, ceux qui avaient surveillé le montage parlaient pour attendre l'heure légale et parce que les minutes semblaient longues. Parmi eux se trouvaient quelques inspecteurs de police qui avaient voyagé cette nuit même d'Hanoï à Yen Bay, dans le wagon de quatrième classe, avec les treize. Ils se communiquaient leurs impressions sur chacun. Pendant quatre heures de trajet, ils les avaient vus vivre leurs dernières heures. Des condamnés, liés par une main, deux à deux, conversaient familièrement entre eux avec ceux de leurs gardiens qui parlaient l'annamite et avec le père Dronet, l'aumônier de la prison d'Hanoï, qui avait entrepris de les catéchiser.

Du était lamentable et se prétendait innocent.

— C'est vrai ! appuyait Pho Duc Chinh, aussi vrai qu'il me faudrait trois têtes pour payer ma part, la tête de ce pauvre Du est de trop.

Deux autres agonisants, effondrés dans un coin, accroupis à la mode annamite, demeuraient silencieux, blêmes de peur. Mais les neuf autres s'efforçaient de s'encourager.

— Nous allons être bien accueillis à Yen Bay, disaient-ils, nous allons trouver sur le quai de la gare nos chers camarades Hoang, Tiep, Thuyet et Luong !

C'étaient les noms de quatre hommes exécutés dans cette ville le 8 mai dernier.

— Nous ne sommes pas des criminels, mais des vaincus.

Nguyen, le Grand Professeur, discutait avec le père Dronet.

— Pourquoi voulez-vous que je me repente ? je ne regrette rien.

Et il citait les vers français :

« Mourir pour sa patrie,

C'est le sort le plus beau, Le

plus digne d'envie... »

Ngoc Thinh — *Puits de pierres précieuses* —; s'informait auprès d'un inspecteur :

— Le sergent Bouhier est-il mort ?

— Malgré les trente coups de coupe-coupe que tu lui as donnés, il s'est rétabli. Ce n'est pas de ta faute.

— Alors il est juste que je meure.

Ceux qui rapportaient ces paroles concluaient :

— Ce sont tous des orgueilleux ; ils ont crâné toute la nuit.

Pourtant, le matin, avant l'aurore, le père Dronet et le père Méchet parvinrent à convaincre la plupart des intraitables. Dans neuf cellules, ils versèrent l'eau sur le front, déposèrent le sel sur la langue des neuf condamnés qui avaient accepté, peut-être pour prolonger leur vie de quelques minutes, d'être baptisés *in extremis*.

J'ai dit que pour aller de la prison au champ du supplice, les hommes, les mains liées derrière le dos, montaient un petit raidillon. Ce raidillon est surplombé par une sorte de talus, bordé d'une barrière de bambous et où s'élèvent des paillotes. Les habitants des quatre ou cinq maisons s'étaient groupés pour voir monter les condamnés. Lorsque passa Dao Van Nhit, un garçon de vingt ans que soutenaient deux robustes légionnaires, on entendit une voix de femme :

— O cha oi em oi !

C'était la mère. Ses paroles voulaient dire :« Oh ! hélas ! mon petit enfant ! »

En arrivant sur la prairie, Nguyen Van Cuu, dit « Le Charitable », s'écria :

— Toi xin noi (je veux dire quelque chose).

Mais un légionnaire lui appliqua une main sur la bouche. Quelques instants après, Nguyen Van Thinh, « Le Prospère, » commença :

— Viet Nam...

Il fut bâillonné de même. Et de même encore les autres.

— Viet Nam !... Viet Nam !... Viet Nam !... Patrie du Sud !... Patrie du Sud !...

J'entendis cela plusieurs fois et le mot retentissait encore à mes oreilles lorsque j'aperçus le dernier condamné, Nguyen Thaï Hoc, le Grand Professeur, le visage gras, une barbiche de lettré. Il souriait ! d'un sourire simple, sans contrainte, et il saluait la foule en inclinant la tête. Lui aussi, d'une voix forte et bien timbrée entonna : « Viet Nam !... » et la main du légionnaire étouffa son cri.

***

Ayant vu mourir ces hommes, je suis allé cet après-midi dans la caserne, au fort, dans les petites villas d'officiers, où erraient encore les ombres d'autres suppliciés.

— Dans cette pièce obscure, me dit un officier, j'ai aperçu mon camarade Jourdan étendu. Il tenait à la main une lanterne électrique allumée dont le réflecteur était dirigé par un hasard tragique sur son visage. Je pris la lanterne, je secouai mon ami, il était mort.

Dans ce lit, Bouhier a été lardé au coupe-coupe. Devant cette grille, le sergent Damour était étendu, le crâne scalpé, le ventre ouvert, les bras tordus...

Sous cette véranda, la pauvre petite Mme Robert, une jeune femme de vingt-quatre ans, avait traîné le corps de son mari, tué dans la salle à manger. Mme Robert a passé toute la nuit serrée contre le corps qu'elle ne voulait pas abandonner. De ses mains, elle comprimait sur le front du cadavre la cervelle jaillie d'une horrible blessure.

Viet Nam ! Viet Nam !... Patrie !... Cruelle Patrie !...

Minchen... La vie du peuple

Mon ami Pham Binh fut enfin désigné pour entrer dans la *Vie du Peuple*.

On lui présenta un ouvrier de l'atelier central de la mine de Mao Khê qui devait guider ses premiers pas et lui procurer un premier logement.

Sa mission, modeste au début, était de former un « nid », puis une « cellule », à Mao Khê. Elle s'élargit par la suite jusqu'à la direction générale des régions de Hong Gay, Campha-Mine, Campha-Port, Dong Trieu... une vaste circonscription minière, où, tantôt armé de la pique du coolie, tantôt de la cadouille du *caï*, le loup déguisé en brebis ou en chien devait préparer les grèves et les rébellions.

De temps à autre, il recevait une lettre de Haïphong :

« Mon cher Pham,

Je suis heureux de te donner de bonnes nouvelles de ma santé. Je pense être en mesure, le mois prochain, de passer mon examen et d'obtenir le diplôme de fin d'études... »

Il promenait un pinceau humecté d'eau iodée sur la seconde page et il lisait :

« Reçu votre rapport du 25 mars. Soyez, samedi prochain à 5 heures, 147 ruelle Bonal, à Haïphong, pour critique du rapport et instructions du Tinh Bo. »

La mission que Pham accomplissait dans cette région, d'autres jeunes hommes en étaient chargés en d'autres lieux par d'autres *Tinh Bo* du Tonkin, d'Annam ou de Cochinchine, dans les usines, dans les fabriques, dans les ateliers, dans les rizières, dans les plantations...

En entrant avec lui dans la *Vie du Peuple*, si j'enregistrais simplement ici les souvenirs de ce seul agent d'agitation et de propagande, je me heurterais à un double écueil :

1. Quelque vaste que fût son champ d'action, M. Pham Binh ne connut qu'un aspect de la vie ouvrière dans une région déterminée. Mon récit, ainsi localisé, paraîtrait viser telle ou telle entreprise, telle ou telle corporation et perdrait sa signification générale.
2. On pourrait m'objecter : « Votre confident se trompe ou on vous trompe. » J'arguerais vainement que j'ai pu vérifier moi-

même certaines de ses allégations, on me dirait encore : «
Vous vous trompez, ou vous nous trompez ! »

Ce que j'ai à écrire est assez grave pour justifier les plus minutieuses précautions d'authenticité. J'abandonnerai donc le témoignage de mon ordinaire informateur. Ce qu'il a vu, ce qu'il m'a rapporté est en tous points semblables à ce qui a été constaté par des personnages accrédités et enregistré en des dossiers officiels. Ces faits ne sont pas exceptionnels, mais la plupart restent ignorés et ceux-là ont *exceptionnellement* donné lieu à des enquêtes administratives ou à des sanctions judiciaires.

Nombre d'entre eux ont été consignés dans le rapport d'un courageux fonctionnaire, M. Delamarre, inspecteur général du travail. Les autres, ayant eu leur épilogue devant les tribunaux, ont fait l'objet de comptes rendus dans la presse locale.

Tous ont eu pour théâtre les casernements de coolies, les chantiers industriels ou agricoles, l'enfer charbonnier qui dresse ses montagnes noires devant les rochers roses du paradis de Ha Long et ces étranges forêts aux arbres droits, rangés comme les soldats d'une armée végétale...

Je ne veux pas les situer, ni les dater, ni les nommer, mais il va sans dire que je connais les lieux, les dates, les noms.

***

La petite Thi Va — dix-sept ans — n'est presque plus jolie. Elle travaille depuis trop d'années déjà, avec un millier de ses compagnes, dans une usine dont les cheminées provoquent le ciel. Elle vit dix heures par jour parmi les cuves, les machines d'acier, les peignes géants, les bobines. Les balles de coton gris se transforment en flocons blancs, les flocons blancs deviennent du fil et les fils des étoffes, des couvertures, des serviettes...

Thi Va est ourdisseuse ; elle garnit le cantre et gagne quinze sous. Avec l'argent de son père, de sa mère et de ses frères mis en commun, elle mange assez de riz et boit assez de thé pour vivre. Elle ne serait pas malheureuse sans la frayeur que lui inspire M. Thérésaux.

M. Thérésaux est contremaître dans l'atelier ; c'est un homme fort, deux fois plus gros et plus grand qu'une minuscule ouvrière. Il habite ce pays depuis longtemps, mais la chaleur l'incommode toujours. Son logement n'est pas loin de l'atelier. Il s'absente quelques instants pour se désaltérer et revient plus rouge, plus suant qu'il n'est parti. Il a alors un drôle d'air hébété ; les mots sortent difficilement de sa bouche. Peut-être est-il humilié de perdre ainsi la face devant la *congaillerie* et il n'est pas bon à ce moment de dire un mot, de rester la tête en l'air ou les mains inactives. Une injure, une gifle ou une amende punissent la faute. Et souvent l'injure, la gifle, l'amende combinées...

Ainsi Thi Va, qui n'a pas le cœur solide, pense s'évanouir chaque fois que M. Thérésaux s'approche du coin de l'atelier où elle essaie de se faire oublier.

Ce jour-là, l'ouvrière était plus tremblante qu'à l'ordinaire parce qu'il y avait eu la veille, un incident dont le contremaître pouvait se croire responsable vis-à-vis de la direction. Un vol avait été commis : quelques bobines de coton avaient disparu — cinq ou six cents grammes environ — et la coupable avait été découverte : la petite Haï, gamine de quinze ans.

Pour éviter une sanction disciplinaire, les ouvrières ont l'habitude d'arriver un bon quart d'heure avant le dernier signal de la sirène indiquant l'ouverture. C'est le meilleur moyen de ne pas perdre deux ou trois sous pour une minute de retard.

Thi Va n'était pas la première. Une foule de ses compagnes attendaient déjà. Elles s'étaient rassemblées en demi-cercle devant un pilier du hangar. Thi Va découvrit alors la petite Haï attachée à ce pilier.

Depuis combien de temps ? On n'osait pas le lui demander. Elle avait les mains liées autour du poteau et paraissait beaucoup souffrir. Personne ne lui parlait, afin de ne pas paraître prendre parti pour elle. Soudain apparut M. Thérésaux.

Ce fut une fuite, une envolée de moineaux... Pourquoi ? Personne n'avait dit un mot, personne n'était coupable, mais chacune avait peur d'être soupçonnée de compassion. Celle qui courut le plus vite et le plus loin ce fut Thi Va. Ce fut elle aussi qui se fit le plus remarquer et qui se désigna à la colère du contremaître.

— Viens ici, toi !

La petite fille s'était arrêtée, accroupie ; ses bras frêles protégeaient son visage. En quelques pas, l'homme robuste la rejoignit et, de ses lourds souliers, lui frappa sur le ventre. La petite resta étendue sur la terre, les yeux ouverts, le visage immobile.

— Je vais t'apprendre à jouer les mortes. Veux-tu te relever... et plus vite que ça !

Il redoubla les coups au hasard et s'arrêta lorsqu'il s'aperçut que sa victime était vraiment évanouie. Alors, il appela un pousse, demanda l'adresse de l'ouvrière et la fit ramener chez elle.

Son frère la reçut, l'étendit sur le bas-flanc, essaya de la ranimer, versa du thé chaud entre ses lèvres serrées. Comme elle ne reprenait pas connaissance, il la transporta au commissariat. Le commissaire l'envoya à l'hôpital où un médecin parvint à la réveiller avec quelques piqûres d'éther.

Le lendemain et les jours suivants, la jeune fille, atrocement blessée au ventre, gémissait de douleur. Mlle Thi Va était estropiée pour la vie.

****

Il y avait dans l'atelier un *To* et dans l'usine une cellule qui avaient été formés secrètement par un des nombreux collègues de M. Phan Binh, agent comme lui du *Tinh Bo* régional. Celui-ci rassembla ouvrières et ouvriers et leur fit adopter le texte d'une pétition demandant la suppression des peines corporelles et le renvoi du contremaître.

Les délégués ne furent pas reçus par le patron ; la grève éclata. On a beaucoup parlé de cette grève ; on en a beaucoup écrit dans les journaux locaux.

Je lis dans l'un d'eux :

« La grève a éclaté à la Société X... le 30 août au soir. Des énergumènes, exploiteurs des derniers incidents, ont donc réussi de nouveau à amener un peu de désordre dans une firme.

Avec calme et sang-froid, la direction a laissé les grévistes filer leur mauvais coton.

Lorsque le « bol de riz » sera moins consistant sur les estomacs des mécontents, ceux-ci reviendront d'eux-mêmes reprendre le travail... La congaï qui a été le personnage principal de la comédie... »

****

Imaginez un cirque aménagé pour je ne sais quel spectacle de géant dans la planète Jupiter, un cirque noir coupé dans une montagne de charbon. On conçoit mal la taille du spectateur qui pourrait s'asseoir sur des gradins de cette dimension, mais les gradins sont vides. L'amphithéâtre désert est envahi par les fourmis... on en voit çà et là, en files ou en groupes, traînant ou poussant de menus fardeaux, cachées parfois par une lézarde du monument.

Ces fourmis sont des hommes ; les fardeaux, des bennes glissant sur des rails !

Roland Dorgelès a décrit dans un bien beau livre : « Ces carrières noires grouillantes d'ouvriers » : « Êtres vêtus de loques. Piocheurs aux bras maigres. Des femmes aussi dont la bouche rougie de bétel semble saigner. Derrière les wagonnets, des nhos, des enfants de dix ans, s'arc-boutent, petits corps secs, visages épuisés sous le masque de charbon. »

Prenez une loupe et regardez sur l'un de ces gradins un de ces wagonnets, l'une de ces fourmis. Si invraisemblable que cela puisse paraître, comme les 40.000 autres ouvriers et ouvrières de l'exploitation, cette fourmi avait un nom pour elle seule ; on l'appelait Kum. Si elle avait un nom, elle devait avoir un visage et peut-être une âme...

— Qu'est-ce qui m'a f... ce fils de chienne !

Le wagonnet avait obliqué sur une mauvaise voie avant que le coolie ait eu le temps de manœuvrer l'aiguille. Kum avait jeté maladroitement une cale ; la benne était déraillée.

— Ta mère est une chienne !

Ces injures dont je donne ici une transcription atténuée étaient criées par M. Schultz, contremaître européen.

Kum s'efforçait de soulever la lourde ferraille pour la remettre en place. Sur l'ordre de M. Schultz, d'autres coolies l'aidèrent. Visiblement, ils s'y prenaient mal. Le contremaître, las de leur expliquer en vain les mouvements opportuns, joignit l'exemple à la parole. Plus fort à lui seul que trois petits jeunes hommes jaunes, il souleva la benne, mais son pied s'étant pris maladroitement sous le rail, il fit un faux pas et tomba d'une façon assez drôle, paraît-il...

Lorsqu'il se releva penaud, il aperçut Kum, la bouche ouverte par le rire...

Cette « insulte » l'affola et d'un coup de pied, il étendit le rieur sur la voie. Puis, devant les autres ouvriers muets et immobiles de terreur, il s'acharna. Quand il s'arrêta, il n'y avait plus qu'à transporter à l'infirmerie un corps inerte. Le médecin constata que le coolie Kum avait deux côtes brisées et la rate éclatée. Il signa le permis d'inhumer.

L'affaire eut une suite judiciaire devant le tribunal d'Hanoï. Poursuivi pour coups et blessures ayant entraîné la mort, M. Schultz fut condamné à un mois de prison avec sursis.

***

Autre décor : une clairière rectangulaire dans la forêt rectiligne... de tous côtés les arbres sont rangés ; chacun porte à son tronc, à hauteur d'homme, une sorte de plat à barbe. Une blessure a été faite à l'arbre au-dessus du godet, le sang végétal coule lentement... le bon latex, le caoutchouc.

C'est l'appel du matin, vers 5 heures. Le soleil se lèvera plus tard. Sur l'ordre du directeur, les coolies de ce quartier ont été rassemblés. On prendra quelques minutes sur leur travail afin de leur donner un spectacle exemplaire.

La veille, une trentaine d'ouvriers se sont enfuis. On a lancé des caïs et des surveillants à leurs trousses. Douze d'entre eux, perdus dans le labyrinthe, ont été repris. Les voici ; ils arrivent épuisés par la course, assoiffés. Le soleil lance ses premiers rayons : c'est l'heure légale...

Obéissant à un ordre, les douze petits hommes retirent leur *cai quan* et s'étendent le ventre contre terre. Les *caïs* et les surveillants armés du rotin commencent l'exécution : vingt coups de cadouille à chacun, c'est le tarif pour une première « désertion ».

Puis « les cadouillés » se lèvent péniblement, rajustent leur pantalon sur la chair saignante et, se traînant comme ils le peuvent, vont reprendre leur tâche forcée.

La nuit suivante, trois Tonkinois à qui la leçon n'a pas profité, s'évadent de nouveau. Ils espèrent quitter le travail de Cochinchine pour retrouver les rizières du pays natal, qui les nourrissaient mal, mais leur laissaient la liberté... On ne reprend que Lê Van Tao. Celui-ci avait signé son contrat d'engagement pour pouvoir envoyer un peu d'argent à sa femme et à ses trois enfants restés au village lointain. Lê Van Tao est conduit devant le chef M. Boulerst, qui occupe une chambre dans le pavillon du directeur. M. Boulerst fait attacher le prisonnier à une colonne de la véranda, les deux bras entourant la colonne et des menottes attachant les mains.

Lê Van Tao passe la nuit dans cette position. Le matin, nouveau rassemblement de coolies. Le patient, déficelé, est conduit sur la place, son pantalon retiré. Un *cai* le prend par les mains, un surveillant par les pieds. Sur le corps ainsi maintenu à vingt centimètres au-dessus du sol, le chef lui-même applique vingt-sept coups de nerf de bœuf. Après quoi, sans pansement, l'homme est envoyé au travail.

Il faut lire le rapport de M. l'inspecteur général du travail Delamarre qui enquêta sur cette affaire :

M. DELAMARRE. — Vous reconnaissez les faits ?

M. BOULERST. — Non, je n'ai donné que vingt coups, suivant le règlement.

— Dix-huit témoins confirment les vingt-sept coups...

— ...

— Vous vous êtes bien servi d'un nerf de bœuf et non d'un rotin ?

— J'ai usé du nerf de bœuf parce que je l'avais sous la main... il n'y a pas de différence entre un nerf de bœuf et un rotin...

Cela se passait en Cochinchine.

*

Autre décor : un chantier près du petit village de Dong.

En pleine journée, il n'y avait plus d'eau dans les touques. Les travailleurs avaient soif. Quelques-uns obtinrent l'autorisation d'aller boire ; trois femmes non autorisées les suivirent vers le ruisseau.

Le surveillant les rattrapa avant qu'elles aient eu le temps de se désaltérer. Thi Tuong, vingt et un ans, Thi Nguyen, trente ans, enceinte de six mois, Thi Nhon, trente-six ans, mère de trois enfants, durent retirer leur *cai quan* et se coucher à terre. Le surveillant, avec une canne en rotin entourée de fil télégraphique, frappa dix coups pour chacune.

Lors de l'enquête, le médecin releva des ecchymoses larges de un centimètre et demi et constata l'éclatement de la peau sur une largeur de deux centimètres et demi et une longueur de cinq centimètres. Les photographies des blessures et les constatations médico-légales ont été transmises à M. le procureur général près la cour d'appel de Saïgon.

***

Passons vite...

Autre décor : le quai d'un fleuve... la maison du chef de port M. Georges. Un coolie a commis un larcin ; M. Georges le fait amener sur le terre-plein devant la cuisine de son bungalow. Même mise en scène : l'homme ligoté, étendu, à plat ventre sur le sol ; M. Georges frappant d'un gros rotin. Hémorragie interne... le coolie meurt quelques heures plus tard.

Devant le tribunal, M. Georges avoue : deux ans de prison avec sursis.

Autre décor...

Mais pourquoi continuer ?

***

Vous dites que si les ouvriers Kum, Lê Van Tao, Nguyen et les autres n'étaient pas satisfaits de leur emploi ou de leur employeur, ils n'avaient nul besoin de s'enfuir comme des malfaiteurs. Il leur suffisait de « passer à la caisse » comme on dit chez nous et de déclarer :

— Réglez-moi, je m'en vais !

La liberté du travail et du travailleur nous paraît, de ce côté de l'Océan, un droit tellement élémentaire et naturel... !

Je n'entends pas, d'ailleurs, discuter ici la question infiniment complexe du travail forcé. Le droit à l'oisiveté n'existe pour personne, en aucun pays, et le travail est un devoir partout. Je ne suis pas de ceux qui revendiquent pour les sauvages le droit de rester sauvages.

Mais les 500 millions d'Asiatiques sont des travailleurs. Dans aucune autre partie du monde on ne voit autant d'êtres humains consacrant volontairement d'aussi longues journées et d'aussi longues existences

92

à l'ouvrage sans fin. La race jaune, entre toutes les races, a mérité depuis des millénaires l'honneur et la dignité du travail libre.

Et pourtant ni Kum, ni Lê Van Tao, ni Nguyen, ni les autres, ne peuvent dire à leur patron :

— Je ne m'accommode pas de cette place... Adieu !

Car ils ont signé un engagement.

Il existe aussi en France des contrats entre employeurs et employés. La rupture se paie d'un dédit. L'insolvabilité du débiteur est sanctionnée en dernier recours par une saisie mobilière. Il n'en va pas ainsi pour l'ouvrier annamite ; son corps répond de la signature ; le surveillant, le contremaître, les caïs, les gendarmes, les miliciens répondent de son corps. Parmi les instruments de travail d'une entreprise industrielle ou agricole, il y a les menottes. Dans les locaux du personnel : le cachot.

Si offusquant que soit le mot, il faut l'écrire : l'ouvrier annamite a signé pour trois ans un contrat d'esclavage.

***

Parmi les revendications que les jeunes révolutionnaires ont appris à formuler à l'école cantonaise de Wampoa et qu'ils ont pour mission de diffuser dans les masses populaires, j'ai noté : « L'application des lois ouvrières métropolitaines ; l'interdiction de recruter des coolies. »

Ainsi, les manifestants, lorsqu'ils se forment en colonnes sur les routes, savent ce qu'ils font et pourquoi ils protestent... mais les coolies, lorsqu'ils avaient signé leurs engagements, ne savaient rien.

Pour les séduire, le recruteur leur avait prodigué, verbalement, des promesses qui n'ont pas été consignées dans le texte du traité. Il a fait miroiter haute paye, gros bols de riz, bons poissons, courtes journées. Il n'a parlé ni des amendes ni de la cadouille. Il n'a pas dit que, par un système d'avances pour divers achats obligatoires, de journées de maladies non payées et autres retenues sur salaire, l'ouvrier, à l'expiration de son engagement, devrait une assez forte somme à son maître et serait obligé, faute d'argent pour payer son affranchissement, d'accepter de renouveler son bail de servage.

Les agents recruteurs gagnent de dix à douze piastres par tête de coolie. Le métier était assez facile il y a quelques années. On allait dans le Delta tonkinois, dans la province surpeuplée de Nam Dinh. Sur les quais, sur la route, au marché, on avisait un homme :

— Y en a quatre-vingts sous par jour, trois bols riz blanc, cent grammes poisson !... Y en a nuoc mam, y en a viande !... Toi bien logé... Si toi malade soigné gratis. Y en a travailler six heures par jour !...

On pouvait se faire, dans les bonnes semaines, de trente à quarante coolies, soit trois cents à quatre cents piastres.

Les hommes qui ne savaient pas signer apposaient leur pouce sur la formule imprimée.

Les uns, destinés à l'exportation vers les îles du Pacifique, étaient parqués dans des camps d'isolement avant d'embarquer, et gardés par la milice qui empêchait les parents ou les amis de parvenir jusqu'à eux.

Les autres, expédiés aux plantations de Cochinchine, partaient en camions ou en chemin de fer, sous la conduite de leurs gardiens en armes. Avant d'arriver à destination, ils avaient compris leur sort ; les désespérés sautaient de l'auto ou du train en marche sur la route ou sur la voie.

Aujourd'hui, la propagande des agents du Viet Nam a rendu l'opération plus difficile. Il faut employer des ruses moins voyantes ; mais le truc du photographe réussit encore :

— Deux photographies !... Si toi content, toi commander douze portraits pour trente sous ! Grande maison photographie offrir prime, agrandissement avec cadre doré ! Toi signer ici, toi poser ton pouce ici.

On prenait rendez-vous pour la semaine suivante, le temps d'établir les portraits. Le photographe arrivait avec les deux épreuves collées sur deux feuilles d'engagement en bonne et due forme avec signature et empreintes digitales.

***

C'est par dizaine de milliers que des hommes pauvres ont été, par persuasion, par mensonge ou par ruse, privés de leur liberté.

Le grand ordonnateur du marché était M. Bazin, directeur de l'Office de recrutement de la main-d'œuvre indigène.

Le 9 février de l'année dernière, vers 8 heures du soir, M. Bazin sortait d'une maison située 110, route de Huê. Il venait de traverser la chaussée pour monter dans sa voiture. Un homme, dissimulé derrière l'auto, surgit. Une brève flamme... un claquement de poudre. M. Bazin, atteint à la mâchoire, tomba. Deux autres coups de feu l'achevèrent.

Encore la vie du peuple

Nam Dinh... juin.

Nam Dinh est à la fois une cité industrielle et la capitale d'une province agricole. En ville, plus de cinq mille ouvriers travaillent dans les usines de filature, tissage, teinturerie, à la manufacture de couvertures, aux distilleries, à l'usine électrique, aux scieries, briqueteries et sur les quais du port fluvial.

À la campagne, un million de paysans cultivent 112.000 hectares de rizières, 2.400 hectares de champs de maïs, 5.000 en jardins, sans compter d'autres milliers d'hectares en coton, arachides, mûriers, canne à sucre, bétel...

D'Hanoï ici, de l'un et l'autre côté d'un ruban de route long de 100 kilomètres, je n'ai vu que des champs. Les buffles, baignés dans la boue, tirent la charrue éternelle ; les enfants, avec les pelles creuses suspendues à une potence, puisent l'eau des terres basses pour inonder les terres hautes ; de frêles norias de bambous tournent, tournent ; leurs godets ruissellent. Et vingt femmes, vieilles ou jeunes, traînent les chariots parce que le salaire de vingt journées humaines est moins onéreux que la location d'un buffle pendant douze heures.

Je suis entré dans les usines et j'ai parcouru les champs. Ici et là j'ai trouvé devant moi le visage osseux de la fée misère.

Je mets hors de cause les spécialistes... Il reste 90 % de coolies.

Ceux-là, qu'ils travaillent dix heures de nuit ou de jour, sont payés en moyenne vingt-cinq sous, c'est-à-dire cinquante sous français au cours actuel du franc. Ce salaire n'est pas réglé directement par l'employeur à l'employé ; le fossé qui sépare l'Européen de l'Asiatique n'est pas comblé à l'usine. Entre le directeur et le personnel se tient le *caï* annamite, une sorte de contremaître à compétence étendue, qui embauche ou débauche à son gré. Le *caï*, ne pouvant satisfaire tous les postulants, puise dans l'immense réservoir humain les meilleurs, les plus forts, les plus valides, les plus doux. Cette sélection accomplie, il doit encore choisir. Ainsi l'usage s'est établi : les élus ristournent au *caï* recruteur deux ou trois sous par jour de leur salaire et la recette moyenne s'établit pour un coolie à vingt-trois sous.

Sur la colonne des dépenses, il faut inscrire d'abord le pain d'Asie :

le riz.

Un travailleur manuel consomme, en dominant son appétit, deux mesures appelées grand bol dont chacune était vendue dix sous il y a quelques mois et dont le cours moyen est de sept sous et demi. Pour son seul pain, le coolie a payé quinze sous. Il lui en reste sept dans les temps prospères pour l'assaisonner d'un peu de nuoc mam.

Allons aux champs.

Le nhaqué type est propriétaire de deux, trois, quatre *sao* de terrain, le *sao* étant le dixième du *mau,* le *mau* équivalant à trois hectares et demi.

Ce petit bien ne pouvant suffire à occuper ni à nourrir une famille, le nhaqué loue ses services à un paysan plus riche qui possède plusieurs *mau* et un modeste cheptel.

La récolte étant partagée, on ne peut évaluer en « sous » le bénéfice du métayer ; mais il est possible de constater, au chiffre de la dette qu'il contracte envers son propriétaire, que ce bénéfice ne suffit pas à assurer la subsistance familiale.

Le nhaqué type ne boucle jamais sa semaine. Il demande à son employeur quelques sous d'avance. Au bout du mois ou de l'année, les sous sont devenus des piastres. Il travaillera pendant la vie sans se libérer.

Ainsi se noue, de débiteur à créancier villageois, une sorte de lien féodal. Le paysan d'Annam est toujours le serf d'un grand ou d'un petit seigneur.

Telle est la situation actuelle de quinze millions d'Annamites.

On a, je pense, suffisamment compris que ni l'ouvrier ni le paysan ne peuvent réaliser d'économies. Aussi se trouvent-ils embarrassés lorsque le fisc leur demande, par l'intermédiaire du village, le paiement de l'impôt. La capitation est fixée à deux piastres cinquante, mais la commune y ajoute des centimes additionnels pour les digues, les biens communaux, l'école, la poste rurale, l'assistance médicale, l'état civil... qui portent la contribution totale à cinq piastres.

Ainsi, l'impôt qui frappe le coolie ou le paysan est égal au produit d'un mois de son travail.

Dès lors, l'orateur révolutionnaire qui parcourt les champs, le tract qui pénètre dans l'atelier sont écoutés ou lus avec avidité lorsqu'ils exposent cette revendication rudimentaire : nous ne voulons plus payer l'impôt !

Et sous la conduite des meneurs professionnels, les colonnes de mille ou quinze cents hommes se dirigent vers la résidence...

***

J'ai suivi à Nam Dinh et dans sa province l'ouvrier et le paysan-type. Ce standard vaut, à quelques variantes près, pour les autres régions du Tonkin, pour l'Annam et la Cochinchine. Mais Nam Dinh offrait en outre, à mon observation, à côté du normal, l'exceptionnel :

En juillet 1929 un typhon a détruit dans cette seule région 78.000 chaumières, a arraché 66.000 toitures. Les paysans ont perdu, avec leurs maisons, 360.000 *piculs* de paddy, représentant 1 million 1/2 de piastres ou 15 millions de francs.

Si intelligentes et rapides qu'aient été les mesures prises par le résident supérieur Robin la famine n'a pu être évitée. Les 100.000 piastres consacrées par l'Indochine à ses sinistrés et les distributions gratuites de riz et de semences n'ont pu suffire.

Les statistiques officielles établissent que le nombre des décès par inanition s'est élevé — si j'ose écrire — à un seul homme.

Mais la sous-alimentation prolongée anémiait les corps qui n'offraient plus de résistance aux maladies et ces maladies ont tué quatre milliers d'hommes, de femmes ou d'enfants, qui ne sont pas morts officiellement de faim.

Au début de cette année, en janvier 1930, le froid a gelé les récoltes nouvelles et le malheur s'est aggravé.

Aujourd'hui, M. Robin a pu, avec des moyens financiers réduits, donner aux plus atteints la nourriture. Les paillotes sortent de terre, la rizière verdoie... Sur des chantiers créés par l'administration et officiellement dénommés « chantiers de misère », travaillent des miséreux.

C'est fini... ou à peu près...

Je suis allé de village en village... Il y a toujours beaucoup de monde au marché, quoique les sapèques soient rares. Hier, parmi les paniers de patates violettes, de tomates blanches, de maïs rose, à côté d'un homme qui sollicitait l'acquéreur pour un maigre cochon noir ficelé vivant comme un saucisson, à côté du barbier qui rasait en plein vent le client assis sur une corbeille, une congaïe de dix-huit ans, debout, immobile, tenait son enfant sur sa hanche. Ce n'était pas une acheteuse puisqu'elle restait à la même place, ni une marchande puisqu'elle ne venait même pas offrir une botte d'hibiscus.

Elle me tendait le bébé qui hurlait de peur en me voyant. Je n'avais plus de monnaie pour une aumône. L'interprète m'expliqua :

— Elle vous offre le *nho* (le petit).

— Pourquoi ?

— Pour cinq piastres.

Cet hiver, sur les marchés villageois, le cours des enfants est descendu à une piastre cinquante... Quinze francs.

Douanes, gabelle, alcool, opium...

La vie du peuple n'est pas seulement la vie de l'ouvrier ou du paysan. Le coolie libre traînant son « pousse » ou le boy au service de l'Européen, le lettré sans fortune, le petit commerçant avec son éventaire ambulant participent aussi à la vie du peuple.

Lorsque M. Pham Binh, au cours des confidences qu'il voulut bien me faire, me parla des finances de la révolution, je fus étonné de constater que les sommes prélevées dans les « nids » et « cellules » sur les salaires des travailleurs constituent seulement une recette accessoire. Les principales ressources du Viet Nam proviennent des dons de la bourgeoisie indigène.

Ces dons — je ne l'ignore pas — ne sont pas toujours spontanés... Le frère quêteur, révolutionnaire, persuade souvent par la crainte.

Mais cet argent clandestin mis au service de l'armée rouge n'en indique pas moins, assez généralement, que notre administration a réuni contre elle certains griefs dans diverses classes sociales.

J'ai indiqué que le paysan paye en impôts directs à peu près un mois de son gain. J'ai obtenu cette évaluation en additionnant le principal perçu par le fisc, les taxes communales, les frais illégaux mais réels, perçus par de nombreux intermédiaires, et les prestations rachetables.

Si l'on veut chercher ailleurs en Asie un terme de comparaison, il faut se garder d'une erreur facile qui consiste à transformer en francs-or les piastres du contribuable annamite et les yens du contribuable japonais, par exemple. On constate que celui-ci verse à l'État six fois plus d'or que celui-là et l'on oublie que le dernier gagne quinze fois plus que le premier. Pour être juste, il faut évaluer l'impôt non pas en or, mais en riz ou en travail.

Toutefois le coolie, le nhaqué, le petit bourgeois, le lettré doivent aussi faire face à l'impôt indirect ou, pour mieux dire, à cet impôt de consommation que collectent les douanes ou régies et qui forme la principale ressource du budget général indochinois.

En ce qui concerne les douanes, je me rappelle un mot d'un de mes confrères indigènes :

— Votre protectorat... c'est d'abord du protectionnisme.

Il est évident que tout le système douanier de l'Union tend à taxer le produit étranger qui pourrait concurrencer le produit métropolitain.

Si l'Américain, parce que son fret est moins onéreux et parce qu'il fabrique en grande série, peut amener sur la place une marchandise livrable au consommateur pour 70 cents, le jeu du tarif haussera ce prix de détail jusqu'à une piastre pour laisser la priorité à la marchandise française.

Il ne s'agit pas de discuter ici l'opportunité ni la légitimité du protectionnisme. Et je suis le premier à penser qu'en l'état actuel des relations économiques internationales chaque nation a le devoir de défendre ses industries. Le fait n'en existe pas moins. Et il y a là, pour le consommateur annamite, un élément de vie chère... et de récrimination.

Mon interlocuteur, mécontent, ajoutait :

— Votre barrière à l'entrée, qui hausse les prix de notre consommation, n'existe plus à la sortie. Nos produits — et les plus indispensables à la vie du peuple — partent en franchise pour la métropole. Si vous protégiez notre riz à la sortie, le nhaqué et le coolie pourraient acquérir leur bol à meilleur compte.

***

Enfin, il y a les trois régies ; régie de l'alcool, régie du sel, régie de l'opium. Toutes trois nécessitent pour la répression de la fraude et de la contrebande un système de contrôle, de surveillance et de dénonciation qui va du gabelou jusqu'à l'indicateur et au délateur, c'est-à-dire jusqu'aux vexations.

Mais il faut savoir que les deux premières s'exercent sur deux produits aussi indispensables à l'Annamite que le vin et le pain peuvent l'être aux Français.

Qu'il s'agisse du monopole de fait comme en Cochinchine ou du monopole de droit comme en Annam ou au Tonkin, la fabrication de l'alcool indigène n'est pas libre et sa consommation supporte une taxe d'État très importante. L'alcool indigène, fabriqué avec du riz et titrant un très faible degré, n'a rien de commun avec nos eaux-de-vie. Il ne peut se comparer qu'à notre vin, qui bénéficie d'ailleurs en Indochine d'une exonération totale.

Le vin annamite, comme le vin chinois, fait partie de la vie familiale et même du rite des ancêtres. Il n'est point de fête ni de culte sans lui. On peut donc dire que dans ce pays la rizière est à la fois le blé et la vigne.

Cette régie de la vigne n'est pas un des moindres griefs contre nous de nos protégés ou sujets indochinois.

La régie du sel, qui ressuscite en territoire français l'archaïque gabelle, est pire encore.

Le sel, de première nécessité pour l'Européen, est vital pour l'Asiatique. Si le riz, en Extrême-Orient, peut se comparer à notre pain, la sauce de poisson, la conserve de poisson sec représente notre pot-au-feu.

La nature a heureusement doté l'interminable rivage d'Annam de magnifiques salines et dans l'intérieur encore, les sauniers traitent les sables salifères.

Le pêcheur, s'il manque de sel, n'a qu'à jeter son poisson que le soleil aura vite dévoré... Il n'est pas rare de voir le pêcheur en larmes abandonner sur la grève le produit d'une journée de travail, faute d'avoir économisé assez d'argent pour acquérir, à des tarifs onéreux, ce condiment qu'il aperçoit en abondance, en petites montagnes grises, à quelques centaines de mètres de sa jonque, dans la zone interdite autour des marais.

La gabelle a rapporté, en 1929, plus de onze millions de piastres au budget général de l'Indochine, mais le peuple maudit la gabelle...

Et les agents révolutionnaires du Viet Nam, lorsqu'ils sont entrés dans la vie du peuple, écrivent dans leurs tracts et répètent dans leurs harangues que les impôts français sont trop lourds pour les épaules annamites.

***

Lorsqu'on recueille des souscriptions chez les notables afin d'alimenter les finances du Viet Nam, il ne convient pas de frapper à toutes les portes.

Ainsi l'on réputait M. Lê Van Tram trop prudent pour se commettre, même d'une obole, avec la Révolution. Sa maison, la plus belle du village, avait toiture de tuiles et clôture de briques. Il possédait quatre buffles pour ses rizières et celles de ses métayers. Il désirait vivre en paix avec le gouvernement. C'était folie de demander à ce petit bourgeois une adhésion pécuniaire au « communisme ».

Le frère quêteur la demanda pourtant et l'obtint. M. Le Van Tram lui versa cent piastres.

Pourquoi ?

Parce que ce propriétaire tranquille et prudent, malgré sa placidité et sa soumission, avait été emprisonné quelques semaines auparavant à la suite de difficultés avec la régie.

Quoique, selon la prescription de Lo Kinh, l'alcool offert sur l'autel des ancêtres dût être rituellement le produit du meilleur riz cultivé sur la terre ancestrale, M. Tram affirme n'avoir jamais contrevenu aux lois françaises et avoir toujours sacrifié le rite de ses pères au règlement de ses maîtres.

Mais les juges ne pouvaient faire état de cette dénégation unilatérale en face du témoignage d'un agent assermenté. Et l'agent avait découvert dans un angle de la clôture, sous une paillote à outils, une dizaine de kilos de riz en macération, une marmite, des tuyaux de bambous... indices suffisants pour dénoncer le bouilleur de cru.

En vain M. Tram avait protesté :

— J'ai des ennemis ! C'est une vengeance !

Il avait dû payer de sa liberté et de son argent.

Le quêteur du Viet Nam s'était présenté à point pour enrôler le bourgeois mécontent dans l'armée clandestine des ennemis de notre pays.

M. Simoni, résident supérieur au Tonkin, écrivait, le 2 mars 1912, dans un rapport adressé à M. le gouverneur général :

« Que pouvait un agent français, souvent ignorant de la langue, chargé de rechercher une distillerie clandestine composée d'une simple marmite et de quelques tuyaux de bambou, cachée dans le coin le plus reculé d'un village, au milieu d'une haie vive, dans un fourré inextricable, au bord des mares ou dans la forêt, loin des sentiers connus ?

Les indicateurs utilisés avec succès chez tous les peuples étaient indispensables ; ils ne firent pas défaut.

La répression fut brutale, les sanctions impitoyables.

Les indicateurs, alléchés par l'appât de primes, se multiplièrent. Lorsque la fraude faisait défaut, parfois ils la simulaient. Il suffisait d'une poignée de riz en macération jetée dans le clos du voisin : toute une famille était ruinée. Il y avait là un prétexte à l'exercice de toutes les rancunes. Les villages vivaient dans des transes continuelles...

Il n'existe pas de contribuable plus docile que le contribuable annamite. La régularité du recouvrement des impôts directs en est une preuve. Mais une chose lui est insupportable : c'est d'être constamment soumis à une surveillance vexatoire, de rencontrer en toute occasion, un agent de la régie qui, sous prétexte de réprimer la fraude, se livre sur sa personne, sur son domicile, à une véritable inquisition...

C'est pourquoi l'impôt indirect sur les alcools indigènes, tout en étant au point de vue fiscal une contribution avantageuse et bien assise, constitue en pays annamite un mauvais impôt sous le rapport politique. »

M. le résident supérieur écrivait cela il y a dix-huit ans.

Qu'y a-t-il de changé depuis ?

Rien.

Mais en dix-huit ans beaucoup d'enfants sont devenus des hommes.

Il aurait été encore plus facile — si vraiment M. Lê Van Tram a été victime d'un chantage — de trouver chez lui quelques boîtes d'opium de contrebande.

En vain se serait-il défendu :

— Mais je ne fais pas usage de *thuoc phien* et je ne possède que des *caï dieu* à fumer le tabac.

— C'est bien plus grave, lui aurait-on répondu : si vous ne fumez pas, vous vendez...

O peuple ! O compatriotes ! proclame le Viet Nam dans un de ses manifestes, *les Français distillent d'énormes quantités d'alcool contenant des substances nocives ; ils ouvrent de nombreux bureaux de vente pour écouler l'opium, de sorte que nous devenons de plus en plus faibles et que nos maladies sont de plus en plus nombreuses.*

L'opiomanie n'a pas été importée en Asie par les Européens. C'est un vice hindou. Mais les marchands d'Europe ont exploité ce vice en Chine, et les hommes jaunes se sont battus contre les hommes blancs pour se défendre du dangereux négoce.

Il y a quatre-vingt-dix ans, l'administration chinoise saisit 20.000 caisses d'opium sur les navires britanniques et les jeta au fond de la mer. Quinze vaisseaux de guerre de la flotte anglaise répondirent et affirmèrent le droit d'Occident au commerce de la drogue en Orient.

La *guerre de l'opium* dura deux ans. Elle se termina par un traité signé le 29 août 1842, à bord du *Cornwallis*, qui ouvrit aux Anglais cinq ports chinois, leur donna la colonie de Hong-Kong, et leur paya, en millions de piastres d'argent, les 20.000 caisses englouties.

Nous avons donc trouvé en Indochine l'opiomanie, et l'on ne peut raisonnablement nous faire grief de ne pas l'avoir supprimée d'un trait de plume.

D'abord, les médecins diront qu'on ne guérit pas cette maladie par la suppression brutale et que la privation entraîne des troubles graves, voire mortels, dans l'organisme intoxiqué.

Ensuite, à moins de tenir sur pied de guerre, le long de la côte d'Annam et aux frontières tonkinoise, cambodgienne, laotienne, une armée de 300.000 douaniers, il était pratiquement impossible d'empêcher l'entrée frauduleuse sur notre territoire d'une drogue dont les deux principaux producteurs sont précisément nos voisins : l'Inde et la Chine.

Le vice existait. Nous ne pouvions le guérir d'un coup. Peut-être avons-nous pensé l'atténuer en le rendant onéreux.

Ainsi nous avons pris l'attitude équivoque de le combattre en l'exploitant. Il y eut cette chose choquante : une régie française de l'opium dont les recettes formèrent le quart du budget général Indochinois.

Quelque excuse qu'on lui puisse chercher, la position d'un état marchand de drogue demeure mauvaise vis-à-vis du monde et à l'égard de ses propres sujets. Pour donner satisfaction au monde, c'est-à-dire à la commission spéciale de la S. D. N., nous avons décidé d'augmenter les prix de vente et la consommation s'en est trouvée réduite.

Dans un rapport qu'il adressait au ministre le 7 octobre 1921, le gouverneur général Maurice Long constatait le rythme dégressif de la vente et notait une réduction de 63.000 kilos en 1920.

D'où il concluait : « Si la même dégression continuait, le but — la suppression totale — serait atteint en 1929... »

Mais en 1929 l'opium a rapporté 14 millions de piastres à la régie française !

Il est vrai que l'augmentation des prix a transformé quelques fumeurs en mangeurs. On rencontre aujourd'hui, parmi les boys et les coolies, beaucoup d'opiophages qui utilisent en boulettes de dross les raclures de pipes de leurs patrons. Et la régie a imaginé des petites boîtes de cinq grammes livrables au public tonkinois pour la somme modique de cinquante cents (5 francs).

En recherchant, au cours de cette enquête, les causes profondes du malaise annamite, pouvais-je oublier l'enseigne R. O. (Régie Opium) qui, dans les villes et villages, est inscrite sur une porte officielle, à côté de notre drapeau ?

Cette enseigne n'est point faite pour notre prestige... Les agents révolutionnaires du Viet Nam ont mission de l'exploiter contre nous.

Un étudiant annamite expulsé de France, que je nommerai Nguyen pour ne le point désigner, me dit :

« Monsieur, je viens de vivre à Paris pendant quatre ans. Mes camarades et moi nous avons vu les Français chez eux. Ils ont beaucoup de droits : ils peuvent écrire et publier ce qu'ils veulent, se réunir comme ils le veulent, prendre le chemin de fer vers n'importe quelle destination, mais ils n'ont pas tous les droits...

Ainsi nous avons été surpris d'apprendre que la police pouvait entrer de jour et de nuit chez un citoyen de votre pays, saisir dans sa maison un demi-gramme d'opium et l'envoyer en prison pour ce seul crime !

Chez nous, en Annam, vous nous empêchez d'écrire, de parler, de nous assembler, de voyager... mais vous nous vendez la drogue dans les débits du gouvernement et vous nous accordez ainsi la seule des libertés que vous n'avez pas jugée bonne pour vos frères : la liberté du poison ! »

Côté annamite.

Saïgon, juillet 1930.

Treize étudiants, expulsés de France à la suite des derniers incidents, habitent la région de Saïgon. J'avais voulu aller chez plusieurs d'entre eux ; ils avaient éludé ma visite. Pour vaincre leur méfiance, j'avais adressé à chacun une lettre-circulaire lui expliquant mon rôle d'informateur, l'assurant de ma discrétion, le priant de venir me voir.

Un seul s'était décidé : c'était Nguyen, étudiant en droit ou en médecine, à moins qu'il n'ait suivi les cours des hautes études commerciales. C'est un garçon de vingt-cinq ans, qui en paraît dix-huit. Il est vêtu à l'européenne, d'un complet de tussor impeccable, chaussé de cuir fauve par le bon bottier, lunettes d'écaille sur le nez, cercle d'or au poignet gauche, stylo d'or à la pochette, dents d'or dans la bouche, piastres d'or dans le portefeuille. Sa petite torpédo rouge attend dans la rue Catinat : elle faisait grand bruit lorsqu'elle s'est arrêtée devant la porte de l'hôtel. Ici, lorsqu'on roule en auto, il est bon de tambouriner partout, au grand fracas de l'échappement libre.

Volontiers Nguyen deviendrait insolent. Il fallait voir son sourire un peu méprisant lorsqu'il parlait du « journal bourgeois » dont j'étais l'envoyé spécial. Je crois que ce garçon délicat est franchement communiste. En tout cas, le mot ne lui fait point peur ; sa voix prend une nuance de respect lorsqu'il dit « le parti communiste », comme ses aïeux avaient prononcé « les ancêtres ». Je ne puis mettre en doute sa bonne foi.

Il croise les jambes, m'offre une cigarette à bout d'or et se plaint d'avoir fait connaissance deux fois avec les rudes agents de M. Chiappe. Il a participé aux deux manifestations ; à la cité universitaire, il a lancé des tracts à la tête de son jeune souverain, Sa Majesté Bao Dai, et, dans la cour de l'Élysée, il a conspué le Président de la République française. Quand il parle des dernières exécutions capitales, il dit les « assassinats. » Son cœur révolutionnaire se réjouit de ce qu'il appelle nos « exactions ».

— Les Français, me dit-il, ont perdu toute mesure ; ils ont brûlé et bombardé de pauvres villages, tué des femmes, des vieillards, des enfants, profané des sépultures. Ce sont nos meilleurs agents de propagande ; ils allument dans notre peuple des foyers de haine qui ne s'éteindront pas.

Nguyen n'a qu'un désir : échapper à la surveillance de la sûreté cochinchinoise, s'embarquer subrepticement pour la Chine et professer à l'école révolutionnaire de Canton après s'être agenouillé devant la tombe de Pham Hong Thai, au bord de la route des Nuages.

Je m'impatiente :

— Pham Hong Thai a tué cinq de mes frères à moi : des Français. Il est regrettable pour le gouvernement de Nankin — qui se dit ami de la France — qu'un meurtrier soit vénéré sur son territoire comme un martyr.

Sur ce ton, nous ne pouvions aller longtemps...

Je priai donc M. Nguyen de vouloir bien exprimer ses idées en termes courtois et de m'accorder le droit d'avoir mes pensées, mes sentiments, différents des siens, aussi respectables que les siens.

Il s'excusa : j'avais réveillé en lui une des plus jolies vertus de sa race : la politesse.

— Vous comprenez, monsieur, que nous puissions être exaspérés. Les étudiants français manifestent à propos de tout et de rien au Quartier Latin. Quelques-uns des plus enragés passent douze heures au dépôt... Une légère sanction disciplinaire est prise contre eux. Nous, on nous emprisonne, on nous expulse, on interrompt définitivement nos études.

— Parce que vous êtes à Paris nos hôtes et que vous êtes tenus à plus de réserve.

Il s'empare de ma réplique :

— C'est vrai, en France, nous sommes des étrangers... mais que sommes-nous en Annam ? Vous êtes chez vous là-bas... et vous êtes encore chez vous ici. Je voudrais connaître la terre où un Annamite puisse se sentir chez lui.

J'ai demandé à Nguyen de me résumer les griefs de ceux de sa génération vis-à-vis de notre administration, de m'énumérer les raisons de son mécontentement en laissant de côté la question de l'indépendance, étant convenu une fois pour toutes que l'éviction des Français demeure le désir constant, le but premier de tous les révolutionnaires, avoués ou inavoués, de ce pays, quelle que soit leur nuance politique.

Selon mon jeune interlocuteur, il y a eu, depuis le début de l'occupation, trois périodes.

Il appelle la première « le temps des boys ».

À ce moment le boy était le seul lien de communication entre le Français et l'Annamite. On a vu ainsi des domestiques devenir plus puissants que des mandarins.

La seconde est « le temps des interprètes ».

À ce moment l'ancien mandarinat protestataire ayant été éliminé, quelques jeunes lettrés ambitieux, s'étant hâtés d'apprendre notre langue, sont devenus les auxiliaires indispensables de l'occupant. Ils avaient conquis une grande influence auprès des administrateurs et, en fait, toutes les affaires se réglaient conformément à leurs avis.

La troisième période est celle des « mandarins ralliés ». La France a eu le temps de créer, de sélectionner un nouveau mandarinat qui lui est entièrement soumis. Ce sont les pires ennemis du peuple annamite.

— La France, pour arriver à façonner ses serviteurs a dû supprimer l'institution séculaire des concours triennaux. Autrefois, les vrais lettrés demeuraient toute leur vie des étudiants puisqu'ils avaient toujours un concours à passer pour ravir un nouvel échelon dans la hiérarchie mandarinale. Cette sélection par le mérite a été remplacée par le bon plaisir de l'administration. L'empereur ou le régent n'a pas le droit de nommer le plus petit parmi les fonctionnaires indigènes, il ne peut décerner un grade qu'à titre posthume. Encore s'est-on appliqué à supprimer de la part de ces fonctionnaires la plus minuscule initiative. Un ministre à Huê demandait récemment une machine à écrire, la résidence ayant émis un avis défavorable, la machine fut refusée. Un des miliciens qui forment la garde du corps du *tri huyen* (sous-préfet) veut-il obtenir trois jours de permission ? Le *tri huyen* doit en référer au résident général.

L'avant-dernier empereur avait voulu inviter à sa table un personnage déplaisant à l'administration française. Le résident s'y opposa et le personnage fut obligé de s'excuser.

Aussi le nouveau mandarinat, sélectionné non plus sur ses qualités réelles mais d'après sa docilité, est-il plus corrompu que l'ancien...

Ici, j'ai interrompu un instant mon jeune critique pour lui lire quelques-unes de mes notes sur l'ancien mandarinat et notamment les souvenirs d'un vieil Annamite que j'ai rencontré à Nha Trang.

J'ai connu l'époque, m'avait déclaré le vieillard où, malgré la sagesse et l'équité officielle des lois, il n'était pas bon pour un homme du commun d'avoir une maison couverte de tuiles, une jolie fille ou un beau cheval. Car cela attirait la convoitise du mandarin de la région. À ce moment toutes les classes, toutes les fonctions publiques étaient aux enchères.

— Elles le sont encore, rétorqua Nguyen. Si l'on veut être élu chef de canton par les notables, on paie 2.000 piastres au *tri huyen*, dont les désirs sont des ordres pour les électeurs. Aujourd'hui le toit de tuiles, c'est-à-dire le signe de richesse, est aussi dangereux qu'autrefois : ce propriétaire trop fortuné ne fait-il pas la contrebande d'alcool ou d'opium ?... Ne cache-t-il pas des tracts révolutionnaires ou des journaux clandestins dans quelqu'un de ses meubles ? Sa bonne foi sera vite démontrée pour 25, 100 ou 200 piastres, selon la gravité du cas.

Et cela expliquerait, observe Nguyen, qu'avec un traitement de 120 piastres certains *tri huyen* soient propriétaires de trois voitures et de trente maisons.

— Tels sont les hommes, ajoute Nguyen, que l'administration prend pour collaborateurs. Ils n'ont d'autre autorité que celle que vous leur avez donnée. Et la France s'applique, d'autre part, à écarter des fonctions publiques les Annamites cultivés. Nous n'avons le droit de participer à l'administration de notre pays que dans des emplois subalternes, dans des conditions précaires et humiliantes.

Un Français et un indigène ont fait leurs études dans les mêmes classes au lycée Sarraut ; ils se sont présentés ensemble au baccalauréat. Le premier a échoué, le second a été reçu avec mention : bien. Tous deux vont dans l'administration postale ; le hasard les place dans le même bureau. Le recalé fait fonction de receveur, le bachelier vend des timbres.

Bui revient à son pays natal docteur en médecine de la Faculté de

Paris, ancien interne des hôpitaux, lauréat de l'Académie de médecine. On lui trouve une petite place de médecin de l'Assistance Publique dans un trou de province à 200 piastres par mois.

Nguyen affirme encore que les mandarins n'ont pas l'exclusivité de la concussion. Des chefs de service français seraient sensibles aux cadeaux que peuvent leur faire les secrétaires indigènes, lorsque ces derniers désirent une nouvelle affectation. Un professeur ne s'intéresserait à ses élèves que dans la proportion où ceux-ci participent à son cours supplémentaire payant.

Nguyen multiplie les exemples.

— Que pouvons-nous faire, continue-t-il, puisque nous n'avons aucun droit de critique ou de contrôle sur la gestion de notre pays ? La chambre des représentants du peuple n'est pas élue par le peuple et n'est qu'un organisme consultatif. La liberté de la presse, la liberté de réunion n'existent pas. Nous ne pouvons qu'approuver ou nous taire. Pendant qu'une de nos provinces se relève péniblement du cataclysme qui l'a ravagée, on nous fait donner un million de francs aux inondés du Midi de la France. Mais la France n'a rien donné aux inondés de Nam Dinh. Les communes paient cher leurs instituteurs diplômés et les illettrés sont plus nombreux aujourd'hui qu'autrefois, où même un coolie gardien de buffles savait écrire des caractères. Vous avez tracé et vous entretenez à grands frais de belles routes douces et agréables aux pneumatiques, mais le chariot à bras du nhaqué s'accommodait des mauvaises pistes. Vous avez fait beaucoup de choses utiles, surtout pour vous, avec notre argent et avec nos bras.

Par la large fenêtre ouverte sur la rue, j'apercevais l'élégante torpédo rouge de mon jeune visiteur. Nguyen vit mon regard, sourit et haussa les épaules.

— Je ne pense pas que vous espériez me confondre par un argument *ad hominem*. Je sacrifierais volontiers à mon parti toute la fortune de mon père ; je ne suis ni la dupe ni l'esclave de mon luxe et je saurai, lorsqu'il le faudra pour la libération de ma race, restreindre mes besoins selon la formule de Confucius : « Le manger sobre, la boisson de l'eau, le sommeil sur le coude n'empêchent en aucune façon d'être heureux. »

Nguyen me salua. Nous nous séparâmes correctement. J'entendis bientôt une pétarade « d'échappement libre »... La torpédo rouge bondissait dans la rue Catinat.

Prudence du régent

Huê, juillet 1930.

Un sampan, une frêle maisonnette plantée sur un fuseau flottant, glisse sur la rivière des Parfums. De chaque côté, la berge est ornée de flamboyants, l'eau très pure double cette bordure de fleurs rouges et, du sampan, un chant parvient jusqu'à moi :

« Je me promène, le nénuphar parfumé vient d'être cueilli. L'ombre des fleurs s'agite. Je crois que ma bien-aimée va venir. »

Je suis à Huê, ville charmante et ville des rois. Ici les femmes sont vêtues de tuniques roses, vertes, bleues. Elles sont jolies, souples et fines. On n'entend point de voitures, les pousses aux roues caoutchoutées traînent de vieux lettrés assoupis. Le silence est si grand qu'on croirait avoir perdu l'ouïe.

Pourtant, écoutons bien... Il me semble entendre battre le cœur de l'Annam.

Au-delà de la ville européenne souriante, paisible et fleurie, il y a dans la campagne, cachée sous les arbres, dix villes. Chacune d'elles, qui a ses murailles de briques, son lac de lotus, ses maisons, ses pavillons et son palais, est habitée par un roi.

Les rois d'Annam ne vivent bien qu'après leur mort. Chacun a eu le souci, pendant son court passage au palais, commun à ses prédécesseurs et à ses successeurs, de se faire construire un palais personnel et perpétuel. Chacun a vu bâtir son tombeau, il s'y transportait de son vivant et il y séjournait pour surveiller les travaux des bâtiments et des jardins.

Le cœur de l'Annam bat dans les mausolées.

Ainsi j'ai d'abord demandé audience aux souverains immortels. Ils m'ont reçu comme une ombre intime parmi les objets familiers qui avaient fait partie de leur vie matérielle, leurs meubles, leurs bijoux, leur pipe à eau, leur service à thé et les cadeaux que leur avait apportés un ambassadeur de France : des lampes Louis-Philippe et des tabourets rococo. Sur chaque autel était « l'âme en soie », un voile précieux qui fut placé sur la bouche de l'agonisant pour recueillir son dernier souffle.

Successivement m'ont accueilli « l'âme en soie » de Thiêu Tri et « l'âme en soie » de Minh Mang ; celles de la princesse Tuc Uon ; du roi Tu Duc ; de Gia Long... Le dernier était Khaï Dinh, que j'avais vu à Paris sortir de la gare du Bois-de-Boulogne dans sa robe jaune, en compagnie de M. Albert Sarraut, lorsqu'il conduisait en France le petit Bao Dai, son fils héritier. Il m'était apparu diaphane, à peine vivant ; je l'ai retrouvé en bronze d'or, assis sur un trône que nulle révolution, nulle intrigue ne pourront désormais renverser.

Les ombres royales m'ont expliqué qu'en ce pays les morts commandent aux vivants. Dans la plus petite paillote, les ancêtres, de leur autel, président aux repas et au sommeil de la famille ; dans le plus infime hameau, les génies communaux gardent les biens collectifs... Les ombres royales de Huê veillent sur la patrie d'Annam.

Lorsque S. M. Bao Dai aura terminé ses études à Paris, je pense qu'Elle prendra soin, dès le début de son règne, de faire sculpter dans la pierre et ciseler dans l'argent les dragons et les lions chimériques qui orneront, après de longues années prospères, sa demeure du jour sans fin.

En attendant son retour, l'Empire est actuellement gouverné par S. A. R. Ton That Han, qui habite la ville rouge interdite, située au centre de la ville royale, elle-même enfermée dans la ville capitale.

C'est un simple vieillard de soixante-dix-huit ans, à longue barbe blanche, aux yeux bons. Le cordon de la Légion d'honneur qu'il porte en bandoulière, le jour des grands « lais », était représenté sur sa tunique noire par une rosette aux ailes d'or. Il me tendit la main à l'européenne, m'offrit le thé, la cigarette à la chinoise et il me parla avec bonhomie.

— Ainsi, dit-il, vous êtes venu pour observer nos événements politiques. Mais il n'y a pas d'événements. Je puis vous assurer, en ma qualité de représentant de l'Empire, que notre peuple conserve et conservera toujours sa tranquillité. L'agitation communiste n'est qu'une maladie superficielle et passagère ; la France est un bon médecin ; nous avons confiance en ses soins pour nous éviter toute aggravation et nous guérir au plus tôt.

La jeunesse, dans tous les pays, est toujours impétueuse ; elle parle sans réfléchir et elle croit tout savoir. Les jeunes gens qui voient pour la première fois la rivière s'imaginent qu'il est facile de passer sur l'autre rive. Ils se jettent à l'eau et manquent se noyer ! Moi je suis un vieillard et j'ai traversé plusieurs fois les fleuves difficiles. Vieux mandarin blanchi dans la carrière, je dis que les Annamites ne peuvent se diriger eux-mêmes. Si la France nous abandonnait un matin, le soir une autre nation l'aurait remplacée.

S. A. R. Ton That Han sourit, lisse d'une main sa longue barbe pointue et ajoute :

— Si je faisais ces déclarations à la jeunesse, on me traiterait de vieux radoteur !

— La jeunesse est donc mécontente ?

— Sans doute, mais la jeunesse passe vite et le mécontentement n'atteindra pas l'âge mûr.

Mon hôte ne répondait pas à toutes mes questions, mais parfois, il approuvait d'un mot, d'un signe de la tête.

— N'y a-t-il pas encore trop de misère dans le peuple ?

— Oui, il y en a trop. Il faudrait demander aux chefs d'usine et aux grands propriétaires fonciers d'améliorer le sort et d'augmenter le salaire des travailleurs. On a fait beaucoup de progrès dans ce sens depuis quelques années et l'on continue à en faire. Il faut avoir un peu de patience.

— Ne pourrait-on aller un peu plus vite ?

— Mieux vaut une action continue qu'une action rapide et heurtée. Je souhaite un peu plus de stabilité dans la haute direction administrative française. On ne doit pas nous enlever un gouverneur général lorsqu'il a commencé d'entreprendre son œuvre. En ce moment, nous sommes en de bonnes mains ; M. Pasquier, M. Robin, M. Lefol connaissent le pays et son peuple depuis trente ans. Ils l'aiment et ils le comprennent ; nous souhaitons qu'ils restent longtemps parmi nous.

Et comme je m'obstine à le questionner, mon hôte hésite un instant, secoue la tête et se décide :

— Eh bien ! oui, dites-le, les grands chefs français ont toute notre confiance ; mais, sous leurs ordres, plusieurs...

S. A. R. Ton That Han baisse la voix :

— ... Sous leurs ordres, il y a de jeunes administrateurs insuffisants.

Peut-être Son Altesse Royale a-t-elle cru m'offusquer. Nous parlons du tourisme, des beautés de la ville et de la province. Je lui dis mon émerveillement, mais aussitôt :

— Dites bien aux Français que l'Annam ne leur offre pas seulement de beaux palais, de jolis paysages, mais aussi le cœur loyal de ses habitants.

C'est en quittant les rois défunts et le roi vivant que j'ai vu glisser un sampan sur la rivière des Parfums et que j'ai entendu une chanson d'amour.

— Savez-vous qui est dans cette barque ? me demanda mon interprète... C'est un révolutionnaire condamné plusieurs fois aux travaux forcés et à mort.

— Phan Boï Chau ?

— Oui, Phan Boï Chau... Et je vous rappelle que nous avons ce soir rendez-vous avec lui.

Controverse au bord de la rivière des parfums

Huê, juillet 1930.

Tous les soirs, le vieux révolutionnaire Phan Boï Chau se promène en sampan sur la rivière des Parfums.

Les bateliers chantent. Un compagnon lettré me traduit :

« Où est mon amie ? La lune l'éclaire-t-elle aussi ? Est-elle encore attendrie par le parfum des fleurs ? »

Bien qu'il ait soixante-trois ans, Phan Boï Chau n'est pas assez vieux pour s'accommoder de cette langueur. Mais, si nostalgique qu'il soit pour lui, le crépuscule sur le fleuve de Huê vaut mieux que l'aube sur le pré de Yen Bay. Phan Boï Chau se souvient d'avoir été condamné à mort. Il se rappelle aussi trente journées de travaux forcés qui devaient être des années perpétuelles lorsqu'il fut rendu à la liberté par la clémence française.

— Je vous salue, monsieur mon frère aîné.

— Je ne sais si je suis digne de vous saluer, monsieur mon oncle aîné.

Ainsi s'abordèrent mon interprète et le révolutionnaire en retraite.

Ce dernier s'inclina vers moi et ajouta :

— Je n'ose saluer Votre Excellence.

Ayant satisfait aux usages, nous pûmes parler de la politique.

J'avais devant moi un homme fort, le visage encadré d'une barbe encore brune, les yeux cerclés par les indispensables lunettes d'écaille. Il était vêtu du large *cai quan* et de la tunique distinguée en tulle de soie noire. Lorsqu'il souriait, il montrait de belles dents sans laque. Pendant vingt ans, depuis 1904 jusqu'en 1925, M. Phan Boï Chau fut un actif ennemi de notre pays. Il professe aujourd'hui les doctrines socialistes pour obéir à la mode, mais sa seule et constante idée fut et demeure l'indépendance annamite. En 1904, il inventa contre nous une sorte de carlisme, un parti qui voulait mettre sur le trône le prince Cuong, le descendant de Gia Long.

117

À cette époque s'accomplissait un événement : le soleil d'Asie montait dans le ciel ; le petit Japon jaune, dressé contre l'immense Russie blanche, avait vaincu. Parmi les cinq cent millions d'hommes jaunes, tous ceux qui pouvaient penser étaient angoissés d'orgueil. Phan Boï Chau courut à Tokyo, la nouvelle capitale de sa race. Il voulut y faire venir le prétendant et une élite de ses compatriotes pour organiser, dans cette ville, le quartier général de la révolution annamite. Il ne fut pas suivi. La discorde affaiblissait en Indochine les adversaires de notre domination ; les jeunes se souciaient peu de changer d'empereur ; ils avaient lu Michelet en *quoc-ngu* ; notre histoire de 89 les avait passionnés ; ils étaient devenus républicains.

Phan Boï Chau revint à Huê. Par sa parole ardente, il convainquit les étudiants qui se rangèrent provisoirement sous la bannière monarchique. Il ramena les plus décidés d'entre eux au Japon avec le prince lui-même. Le Japon, afin de prévenir les difficultés diplomatiques, expulsa les uns et les autres. Tous s'établirent alors en Chine. De Canton, ils organisèrent et dirigèrent une action de propagande, qui aboutit, en 1908, à la révolte du nord de l'Annam et à la tentative d'empoisonnement de la garnison d'Hanoï. Converti, à son tour, à la démocratie, Phan Boï Chau proclama à Canton, en 1912, le gouvernement provisoire de la République d'Annam, qui, à défaut d'autre activité, fit éclater, en 1913, des bombes à Thai Binh et à Hanoï.

Pendant la guerre, notre alliée, la Chine, neutralisa l'action de son hôte en l'enfermant dans une confortable prison : le propre *yamen* du maréchal Long Tche Quang. Libre en 1922, il se vit dépassé par ses jeunes amis. La révolution lui avait échappé pendant sa captivité. Des événements s'étaient succédé auxquels il n'avait pas pris part. Il y avait eu une première révolte à Yen Bay, des complots avortés à Hanoï, à Phu Tho... Le poste de Ta Lung avait été attaqué. En 1915, le roi d'Annam Duy Tân avait quitté, pendant la nuit, la ville rouge interdite ; il était sorti dans la campagne de Huê pour se mettre à la tête du peuple et marcher sur la résidence... Mais le directeur du cabinet du résident était allé le chercher au fond d'une paillote et l'avait ramené en auto au palais royal. En 1918, un nouveau chef avait surgi : Nguyen, le patriote, qui avait adressé aux délégués de la conférence de la paix un programme de revendications annamites et qui avait siégé au bureau du congrès socialiste de Tours, en 1920, à côté de M. Rappoport.

De Paris d'abord, puis de Canton et de Moscou, Nguyen dirigeait alors le nationalisme annamite.

Le 19 juin 1924 ce fut l'attentat de Chamine...

Le vieux Phan dut s'incliner sur la tombe du jeune Phan.

Lorsqu'il fut arrêté, en 1925, dans la concession française de Shanghai, le vieux Phan n'était plus rien. La commission criminelle d'Hanoï, qui l'avait déjà condamné à mort par défaut en 1913, le condamna aux travaux forcés à perpétuité. Le gouverneur général Varenne le gracia.

***

Qu'on excuse ce raccourci. Il fallait établir quelques postes de relais sur la route de la révolution. Ce ne sont pas les mêmes chevaux qui accomplissent tout le parcours.

On comprendra mieux combien sont restés loin en arrière les premiers postillons.

En situant Phan Boï Chau, qui fut notre ennemi violent, je placerai à part dans l'histoire nos courtois adversaires qui entendaient ne recourir, pour nous combattre, qu'à des moyens légaux : les constitutionnalistes Bui Quan Chieu et Nguyen Phan Long que j'ai rencontrés à Saïgon ; l'indépendant Pham Quynh, avec qui j'ai conversé agréablement à Hanoï. Tous ces hommes réprouvent les méthodes de la révolution actuelle ; quelques-uns sont froissés d'avoir perdu leur rôle sur la scène et d'être assis aux chaises des spectateurs. Mais tous (même lorsqu'ils se gardent de le dire) suivent avec passion les gestes de leurs héritiers directs ou indirects. Ils pleurent la mort des suppliciés, souhaitent l'élargissement des prisonniers, excusent les complices...Tous ont l'âme tendue vers un idéal commun : l'indépendance.

La conversation que j'ai eue ce soir, à Huê, sur un banc tranquille, au bord de la rivière des parfums, résume donc les controverses familières avec les plus notoires opposants au protectorat ou à la colonisation française, dans les trois pays d'Annam.

— Monsieur, me dit Phan Boï Chau, le grave malaise que vous avez constaté s'explique ainsi : le peuple annamite est un enfant ; il ne sait pas marcher mais il a atteint et même dépassé l'âge ou les *nhos* font leurs premiers pas. Sa mère l'aurait pris par la main et l'aurait aidé à parcourir quelques mètres, elle aurait éduqué ses petites jambes. Mais le peuple annamite n'a plus de mère, il est en tutelle. Sa tutrice, la France, estime qu'un enfant est plus facile à garder lorsqu'il ne peut pas courir. La France ne veut pas que son pupille apprenne à marcher. Alors le *nho* s'énerve, pleure, lance des coups de pied...

L'image était plaisante, mais je ne compris pas tout d'abord à quelle éducation mon interlocuteur faisait allusion. Nous avons ici multiplié les écoles, créé une université, prodigué des bourses qui permettent aux jeunes gens de venir dans les grandes facultés métropolitaines. Nous avons apporté à nos pupilles la science occidentale qu'ils ne soupçonnaient pas.

— Non, non. Il ne s'agit pas de cela, interrompit Phan Boï Chau. Notez, d'ailleurs, que votre enseignement ne tient pas assez compte de notre culture traditionnelle et tend à faire de nos compatriotes des hommes dénationalisés, des déracinés sur leur propre sol. Vous avez supprimé les concours triennaux, les lettrés n'ont plus aujourd'hui la place ni les emplois qui leur étaient réservés autrefois ; vous nommez directement et arbitrairement les mandarins, sans tenir compte de leur mérite, de leur âge, de leurs grades universitaires... Je pourrais critiquer vos méthodes d'instruction publique, mais c'est une autre question. Je ne vous parle que de l'éducation politique. En refusant à votre pupille les droits élémentaires du citoyen : la liberté de la presse, la liberté de réunion, la liberté de voyage, vous l'empêchez d'apprendre à se conduire, vous ne voulez pas qu'il participe jamais, de près ou de loin, à la direction des affaires de son pays. Ne pouvant plus compter sur vous, comprenant qu'il ne peut être gardé au berceau, à un âge où les enfants vont déjà dans les rizières sur la tête des buffles, il appelle à son aide n'importe qui, il saisit la première main tendue et demande à un tuteur d'occasion ou de passage de remplacer son tuteur en carence.

— C'est ainsi, observai-je, qu'il vient de rencontrer la IIIe Internationale.

— Oui, le communisme lui a tendu la main ; c'est un inconnu pour lui, pour nous tous. Moi-même, qui suis un vieux chef révolutionnaire, je ne sais pas ce que c'est que le communisme. Mais comment s'étonner que n'importe quelle doctrine puisse paraître savoureuse à un cerveau affamé, auquel vous ne fournissez aucun aliment, aucune idée, auquel vous refusez la pensée libre.

— Soit, approuvai-je, mais si vous désirez que le peuple acquière une éducation politique, c'est pour en faire usage ?

— Certainement !

— Les libertés que vous réclamez appellent des droits. Soyons francs. Elles appellent le suffrage universel, le Parlement annamite, le gouvernement annamite... l'indépendance !

— Depuis vingt ans, je lutte pour l'indépendance !

Ici, je me retrouvais sur un terrain familier. Je connaissais par cœur la suite du dialogue pour l'avoir répétée trois fois avec M. Bui Quan Chieu, M. Nguyen Phan Long, M. Pham Quynh.

Mon interlocuteur remuait nerveusement les doigts : ses mains fines tremblaient. Au tournant où elle était conduite, la conversation l'inquiétait. Mon interprète, qui souriait, m'expliqua plus tard son impression : « Il était, dit-il, embarrassé comme une bonzesse qui accouche. »

— Bon, poursuivis-je. Supposons l'indépendance acquise. Que faites-vous ?

— Nous organisons la république d'Annam. La Chambre des représentants du peuple est entièrement élue, elle n'est plus consultative, mais législative ; le gouvernement est responsable devant elle. Nous entreprenons de grandes réformes sociales, nous décrétons l'instruction obligatoire...

— Et la conscription ?

— Nous aurons une armée comme les autres nations.

— Pensez-vous que cette armée, quel que soit son mode de recrutement, sera jamais assez forte pour assurer votre sécurité nationale ?

— Je pense que notre sécurité sera garantie par la bonne entente des peuples et aussi par la protection de la France.

Nous touchions au point névralgique.

— La protection militaire de la France ou de n'importe quelle autre grande puissance, je l'avais expliqué à M. Pham Quynh, cela s'appelle encore et toujours un protectorat. Une armée étrangère de protection ressemble à s'y méprendre à une armée étrangère d'occupation. Je ne pense pas que l'Annam puisse sérieusement compter avoir à son service des officiers et soldats mercenaires français !

Un Général en chef étranger, cela s'appelle encore un gouverneur militaire.

Il faudrait être insensé pour supposer que ce pays pourra, quelque jour, assurer par ses propres moyens la défense de son long ruban de côtes ou même de ses frontières terrestres contre une armée moderne d'expédition. On doit donc s'en rapporter uniquement « à la bonne entente des peuples ».

J'envisageai une fois de plus l'hypothèse à laquelle aboutissent les rêves des patriotes annamites.

— L'édifice politique que nous avons construit en bâtissant l'Union indochinoise se trouve demain privé du ciment français. Les cinq pays que nous avons soudés les uns aux autres sont séparés. Les nationalistes annamites, si jaloux de leur indépendance, ne veulent pas attenter à l'indépendance de leurs voisins : le Cambodge et le Laos. Mais le Cambodge avait un suzerain : le Siam, qui pourrait demain, lorsqu'il le verrait abandonné par nous, retrouver son ancien vassal. La Chine, de son côté, considère l'Annam comme une terre irrédente. Elle peut se souvenir de ses anciennes provinces...

Les puissances européennes autour du Pacifique laisseraient-elles se former de nouvelles hégémonies ?

Elles-mêmes ont des besoins politiques, économiques et militaires.

Il y a en Europe et en Asie de grands peuples prolifiques auxquels la place dans le monde a peut-être été trop parcimonieusement mesurée. Le premier prétexte d'anarchie intérieure dans un pays sans défense motiverait de leur part une intervention. Cette intervention allumerait des disputes. La Grande-Bretagne ne s'est pas postée à Singapour ni à Hong-Kong pour assister indifférente aux futures querelles de la mer de Chine.

Aujourd'hui il n'y a plus de problème qui se puisse résoudre à deux ou trois nations. Il n'est plus un point du monde qui doive rester indifférent à ce qui se passe sur un autre point...

M. Phan Boï Chau m'écoutait encore par politesse, mais il ne me suivait plus et j'entendais dans son silence l'exclamation décente de M. Bui Quan Chieu lorsque j'avais développé devant lui les mêmes idées :

— Alors ! Alors ! Jamais nous ne pourrons espérer que le Viet Nam retrouvera son indépendance ?

— Franchement, je crois que cet espoir est une folie.

Si l'opposition annamite pouvait s'en débarrasser, elle serait peut-être plus efficace. Elle obtiendra plus vite les justes réformes qu'elle sollicite, lorsqu'elle ne considérera plus ces réformes comme une étape vers notre éviction.

D'autres sampans glissaient sur la rivière des Parfums ; les fleurs des flamboyants tombaient du ciel sur nos têtes ; la nuit était douce.

Je me levai et l'interprète traduisit mon adieu :

— Je vous salue, monsieur mon frère aîné.

Le vieux révolutionnaire répondit :

— Je ne voudrais pas perdre le cœur de Votre Excellence.

Côté français

D'autre part, j'ai connu à Hanoï, à Saïgon, à Huê, à Tourane, à Vinh et autres villes, de « vieux Indochinois » ... c'est-à-dire des Français d'âge mûr qui résident en Indochine depuis quelque vingt ou trente années.

Les uns sont dans l'administration, les autres dans le commerce, l'industrie ou la banque... Je ne veux pas les désigner par leur profession ou leur fonction, mais s'ils me lisent qu'ils trouvent ici mon souvenir ému. D'abord ils m'ont reçu comme on sait recevoir là-bas, ensuite, ils m'ont donné la grande joie de les voir, de les comprendre, enfin, ils ont remué en moi quelque chose qui n'est pas seulement de mon individu, qui me rattache à eux comme à vous... Quoi ? Ce cordon nourricier qui n'est jamais coupé et qui nous tient encore au ventre lorsque nous nous éloignons à quelques milliers de lieues de notre mère-patrie.

— Monsieur, me disait l'un d'eux, depuis que je suis dans ce pays, je n'ai jamais brutalisé ni même rudoyé un Annamite. Je suis pourtant obéi et respecté mieux que personne.

— Autrefois, m'affirmait un autre, on s'entendait très bien entre Français et Annamites de même classe, on s'invitait à dîner...

— On s'épousait, hasarda un troisième.

— Tais-toi, malheureux encongaïé... Comment oses-tu aujourd'hui sortir avec ta femme en pleine rue Paul-Bert!

— Et pourtant, reprit un autre, je crois que rien ne serait arrivé si les femmes d'Europe n'étaient pas venues.

— Tu exagères.

Il exagérait, car il connaissait — nous connaissions tous ici — d'admirables Françaises qui ont de la bonté, de l'intelligence, du tact et de la beauté par surcroît... Mais il pensait à celles — trop multipliées depuis dix ans — qui ayant quitté le petit logement du cinquième, où les heures de femmes de ménage étaient chichement comptées se sont trouvées brusquement dans un hôtel particulier, à la tête d'un personnel domestique : deux boys, un *bep*, un chauffeur, et quelques *be con*.

Quand on rafistolait hier, en ragoût économique, les restes du bœuf bouilli et qu'on se faisait pleurer les yeux à éplucher les oignons, il est dangereux de se réveiller tout à coup grande dame de l'autre côté du canal de Suez et d'avoir un valet ou une femme de chambre pour vous lacer les souliers.

Ainsi les petites bourgeoises de quartier ayant gagné, en vingt-huit jours de traversée, leurs nouveaux quartiers de noblesse coloniale, ont importé ici le mépris de l'indigène sans distinction de rang, de classe ni de culture.

Pour elles comme pour les jeunes fonctionnaires ou colons entrés dans une carrière que leurs aînés ont ouverte par leur patient génie en sacrifiant les plaisirs, la santé, parfois la vie, en un mot, pour le jeune Européen d'Indochine, toute la population annamite a été nivelée, ramenée sur le plan du boy.

L'Annamite étant avec le Japonais et le Chinois l'homme le plus raffiné en politesse, le plus sensible à la hiérarchie de l'éducation et du savoir, souffre chaque jour d'être incompris, dédaigné, rudement traité par ses jeunes maîtres.

Dans les villes de Cochinchine ou du Tonkin, la plupart des établissements commerciaux occupent un personnel mixte, français et indigène. Si j'achète un savon à barbe ou un flacon d'eau de Cologne en quelque parfumerie de la rue Catinat, je suis indifféremment servi par un blanc ou par un jaune. Lorsque je demande ma note ou un renseignement au bureau de l'hôtel, je m'adresse à l'un des comptables de service, européen ou asiatique...

Instinctivement, lorsqu'on a renouvelé plusieurs fois l'expérience, on choisit, pour ces courtes relations de commerçant à client, l'Asiatique de préférence à l'Européen, parce que l'on a vite observé que le recrutement de ce personnel a été fait au choix dans la première catégorie, et au « tout venant », je devrais dire au « déchet », dans la seconde. Le commis indigène a souvent terminé ses classes au lycée, il possède un diplôme et une peau d'âne. Par son instruction, ses capacités intellectuelles, il se situe au-dessus de son emploi. Le commis européen est souvent, au contraire, un jeune cancre que sa famille a expédié ici (en utilisant quelque relation d'amitié avec la direction d'une firme coloniale), faute d'avoir pu lui trouver une place dans la métropole.

Le premier vous sert avec intelligence et courtoisie. Le second vous répond souvent que l'objet demandé ne se trouve pas en magasin parce qu'il ignore les rudiments du métier.

Lorsque vous lui avez pourtant désigné ce même objet en étalage dans la vitrine, il vous le livre de haut, comme un personnage excédé concéderait une faveur à un solliciteur importun. Pis !... dédaignant de monter sur l'escabeau pour saisir le pain de savon ou la boîte de poudre, il interpelle son collègue indigène :

— Nam ! donne ça à Monsieur... et plus vite que ça ! Attention de ne pas te f... par terre, espèce d'andouille !

L'employé intelligent est payé de 60 à 80 piastres par mois... le niais en touche 350. Le coolie blanc, qui ne trouverait pas à Paris une place de garçon de bureau et qui gagne 3.500 francs à Saïgon, possède, lui aussi, un personnel domestique qu'il appelle avec mépris : *la boyerie*, comme nous dirions « le chenil ».

***

Voici, pour « créer l'atmosphère », comme on dit au théâtre, quelques tableaux de la vie courante, quelques scènes banales de la rue :

1° Décor : la jolie route, entre Hadong et Hanoï où roulent, en fin de journée, les voitures des Européens qui vont au dancing de la Pagode. Nous sommes en février, en pleine fête du *Têt*. Trois jeunes Annamites, tunique retroussée, pédalent à bicyclette vers Hanoï. Ce sont trois étudiants en médecine. Ils aperçoivent une auto arrêtée et vont la dépasser...

— Pstt !...

Le chauffeur les appelle. Ils descendent de vélo, puis, s'adressant aux deux Français et à la Française qui occupent l'auto en panne :

— Avez-vous besoin de quelque chose ?

— Nous avons, explique le chauffeur, un pneu crevé et pas de roue de rechange. Pour trois ou quatre kilomètres d'ici à Hadong on va gonfler avec de la paille. Allez nous en chercher.

Les étudiants frappent en vain à quelques portes. Les jours du *Têt*, les paysans sont tous à la ville. Les cyclistes reviennent bredouilles et s'excusent.

— Toi, pas trouver de l'eau à la mer ! s'indigne un des automobilistes. Toi, grand fainéant !

— Ils se fichent de nous, observe la dame.

Et le troisième lève la main pour frapper.

— Messieurs, déclare en français correct l'un des étudiants, nous avons fait ce que nous avons pu pour vous tirer d'embarras, mais nous sommes attendus chez des amis et nous ne pouvons nous attarder davantage.

Là-dessus les trois Annamites vont enfourcher leurs bicyclettes quand les deux Européens tombent sur eux, poings tendus, et les couchent sur la route.

Plainte a été portée par les victimes. Les agresseurs, un hôtelier et un sous-officier français, ont été condamnés à quelques piastres d'amende...

***

2° Autre décor : une classe dans le collège français de N...

M. Nguyen, dix-sept ans, éprouve un tendre sentiment pour Mlle Ty Ba. Peut-être seront-ils bientôt fiancés. Entre les deux jeunes gens s'est engagée une correspondance que le directeur du collège intercepte. Celui-ci monte en chaire et lit publiquement quelques billets intimes.

— Nguyen, avancez ici !

Le jeune homme, penaud, obéit.

— Prenez la craie... écrivez au tableau le verbe « je suis amoureux »... Allons ! pressez-vous... le présent de l'indicatif !...

L'étudiant écrit : « Je suis amoureux, tu es amoureux, il est amoureux, etc... »

Il efface lorsqu'il n'y a plus de place, et continue. La punition se prolonge jusqu'à la troisième personne du pluriel du passé du subjonctif. Enfin Nguyen pose sa craie et va regagner sa place pour y ruminer son humiliation. M. le directeur le rappelle.

— Approche ici !

Et il lui applique sur les joues deux gifles retentissantes.

***

3° Autre décor : l'intérieur d'un bureau de poste dans une grande ville : le guichet du télégraphe est encombré.

Le premier à la queue est un petit homme jaune. Il a attendu patiemment son tour. Il va tendre le texte de sa dépêche à l'employé lorsqu'il est saisi rudement par les épaules et rejeté loin du guichet.

— Je suis pressé !

C'est un jeune Européen qui vient d'entrer.

Le fait est courant et l'on y prête d'habitude peu d'attention. L'indigène n'a qu'à se remettre à la file pour attendre une meilleure occasion d'expédier son télégramme. Mais cette fois, à la stupeur générale, le petit jeune homme jaune revient sur l'homme blanc, le force à sortir du rang à son tour en le secouant par la veste et lui tend sa carte de visite :

MATSUOKO

capitaine de la Garde impériale

TOKYO (Japon)

Une affaire d'honneur fut engagée, mais les témoins de notre compatriote apportèrent le soir même aux témoins de M. Matsuoko les excuses de leur client.

— C'est un ridicule incident, ajoutèrent-ils... Notre ami vous avait pris pour un Annamite !

Français contre la France

— Enfin, monsieur, laissez-nous tranquilles chez nous.

— Chez vous ?

— Nous n'avons pas besoin de ces reporters qui font ici trois petits tours et puis s'en vont nous dénigrer.

Ainsi parlait un Français d'Indochine.

Un autre, qui avait perdu son sang-froid dans la chaleur de la discussion, s'est écrié :

— Vous rentrez en France... Eh bien ! dites à la France (*sic*) qu'elle nous fiche la paix ! Que le ministre, qui n'y connaît rien, laisse donc notre gouverneur gouverner ; que vos journaux métropolitains ne se mêlent plus de ce qui ne les regarde pas ; et, surtout, que vos députés veuillent bien dire leurs sottises sur d'autres sujets !

Et il ajouta fièrement :

— Nous « sommes » la seule colonie qui ne vous coûte pas d'argent.

En poussant quelques-uns de ces hommes dans les retranchements de leur pensée, je demeurais ahuri de découvrir en eux — oserai-je écrire le mot — une sorte de sentiment séparatiste : l'Indochine appartiendrait à 20.000 blancs, fonctionnaires ou colons. Puisqu'elle ne demande aucun secours à la métropole, la métropole n'aurait rien à voir à ses affaires, etc...

Il se serait ainsi formé une « nationalité indochinoise ». Les 20.000 citoyens Indochinois auraient seuls le droit de discuter les questions qui intéressent leur pays, d'en parler, d'en écrire. Nous serions, vous et moi, des étrangers habitant un autre pays : la France.

J'entre dans le jeu et, timidement, j'observe :

— Nous entretenons toutefois avec vous des relations d'affaires ?

— Si peu ! proteste-t-on. C'est le Japon qui achète nos charbons et qui, avec l'Amérique et la Chine, se partage nos autres produits. Vous êtes, pour un quart à peine, dans notre commerce d'exportation... 22 %

exactement.

Je hasarde :

— Nous vous envoyons des soldats pour assurer votre sécurité.

On me rétorque :

— Nous les payons sur notre budget.

J'ai eu, heureusement, là-bas, d'autres conversations avec d'autres Français.

Ceux-là m'ont signalé eux-mêmes ce curieux état d'esprit anti-métropolitain. Ils l'estiment dangereux en ce qu'il sert la propagande révolutionnaire dans les masses indigènes. Quinze millions d'Annamites en terres d'Annam, fiers de se dire sujets de la France, se sentiraient humiliés d'être les serviteurs d'une poignée d'Européens dénationalisés.

Mais cet esprit est aussi pernicieux en soi parce qu'il tend à faire perdre à l'œuvre coloniale française sa signification civilisatrice. Logiquement, nos particularistes déplorent — combien de fois l'ai-je, de mes oreilles, entendu ! — l'éducation que nous avons donnée aux indigènes. Tout homme jaune instruit est un coolie de moins pour la main-d'œuvre... Que dis-je ? C'est un concurrent inadmissible pour le blanc dans les emplois de direction et d'intelligence !

Ainsi, pour son libéralisme en général et pour son Université en particulier, les malédictions blanches se sont-elles abattues sur M. Albert Sarraut.

Ce gouverneur serait certainement l'homme le plus maudit par nos particularistes, s'il n'avait rencontré, sur le sentier de son calvaire, un Cyrénéen nommé Alexandre Varenne, qui l'aide depuis à porter sa croix.

Quelques explications sont ici nécessaires.

M. Albert Sarraut avait gouverné une première fois l'Indochine pendant deux ans (15 novembre 1911 - 4 janvier 1914).

Synthétiquement, on peut dire qu'il s'appliqua, d'une part, à perfectionner, sinon à achever, l'admirable œuvre économique de M. Paul Doumer et qu'il comprit, d'autre part, la nécessité d'entreprendre une œuvre sociale.

Celle-ci, il en traça les plans, il en établit les fondements, il la commença. Il était temps ! La création d'une université indochinoise, notamment, s'imposait à une époque où la soif des connaissances modernes avait provoqué l'émigration de la jeunesse intellectuelle annamite vers le Japon, l'Amérique, l'Allemagne et autres nations qui accueillaient nos transfuges avec sympathie dans leurs collèges.

M. Sarraut avait pensé et avait dit publiquement que, par étapes successives, la France donnerait d'abord à ses sujets et protégés l'éducation politique et administrative, puis les admettrait à la participation politique et administrative dans les affaires intérieures de leur pays. Lorsqu'il partit, sans avoir achevé son œuvre, il emportait avec lui l'affection, les regrets, l'espoir de quinze millions d'hommes.

Quelques mois plus tard, survint la guerre européenne, nos départements furent envahis, les armées allemandes atteignirent la Marne.

— Nous n'avions pas de troupes ici pour nous défendre, me rappelait un Français d'Hanoï, et nous vivions dans l'angoisse, car il nous paraissait normal que les indigènes missent à profit notre désarroi. Les forces morales que M. Albert Sarraut avait organisées avant son départ suppléèrent aux forces militaires. Les Français ne se battaient-ils pas pour le triomphe de la justice et du droit, pour la libération des peuples ?

Quelques hommes blancs, retenus à Hanoï par leur âge, se souviennent d'une émouvante surprise que leur firent les hommes jaunes au lendemain de la Marne. Une dépêche laconique publiée le soir avait annoncé l'événement. Le matin, spontanément, sans que les autorités eussent été prévenues, des drapeaux français, des lanternes multicolores pavoisèrent les maisons des quartiers indigènes. Dans les rues, les dragons de papier étaient promenés, les pétards éclataient, les danseurs à tête de tigre sautaient... Les indigènes fêtaient notre victoire !

La guerre fut longue...

La fraternité des deux races n'avait duré qu'un jour. Aux vrais volontaires annamites, embarqués chaque semaine, avaient succédé des volontaires malgré eux. Les recruteurs terrorisaient les villages. Le mécontentement allumé dans le peuple gagna les lettrés, les mandarins, la cour d'Annam !

En 1916, les heures étaient mauvaises pour nous. L'occasion s'offrait aux nationalistes d'accomplir leurs desseins.

M. Charles, résident supérieur en Annam, n'a pas oublié cette nuit de mai où un interprète vint l'avertir, en sa résidence de Huê, de la disparition du jeune empereur Duy Tân. Quoi ! Duy Tân ?... Ce charmant garçon élevé à la française qui, la veille même, au cours d'une visite du résident aux reines-mères dans la ville impériale, était survenu, souriant, les mains tendues, et avait offert à son hôte un de ses derniers portraits avec une belle dédicace !

— Je l'ai vu sortir, affirmait l'interprète.

— C'est impossible, protestait M. Charles.

On courut au palais, non sans avoir alerté le ministre des Rites. Les miliciens à liserés jaunes confirmèrent le fait. L'empereur était sorti vers dix heures, avec une assez importante escorte, pour aller, disait-on, chez son précepteur, M. Hebrard.

M. Hebrard n'avait vu personne.

Mais à Quang Ngai, deux mille hommes en armes s'étaient levés et Duy Tân allait prendre le commandement de la révolution.

L'affaire, mal préparée, avorta. Le directeur du cabinet, M. Le Fol, aujourd'hui résident supérieur, conserve dans sa mémoire les moindres détails de l'aventure : l'Annam sans chef, les portes du palais gardées par les tirailleurs..., enfin les rebelles en déroute, le souverain vaincu, caché on ne savait où...

On le trouva, après deux jours de recherches, dans une pagode.

M. Le Fol, guidé par un milicien du palais demeuré fidèle à la France, se présenta à la tête d'un détachement de tirailleurs, et, d'un geste prudent, palpa le ceinturon du rebelle.

— Inutile ! lui dit celui-ci... vous voyez bien que je n'ai pas d'armes. Sans quoi, vous n'eussiez pas approché de moi.

À ce moment, le milicien qui avait indiqué la cachette et se tenait au garde à vous, immobile, se vit dévisagé par son maître. Il le salua militairement et ce dialogue s'engagea.

— Je vous reconnais traître à la patrie et à votre empereur !

— Sire, vous avez trahi la France généreuse.

— Je regrette de n'avoir pas été suivi par mon peuple.

On s'aperçut alors qu'un des lieutenants du souverain révolutionnaire s'était pendu à un pilier du temple, au bout de son turban. Il râlait. On le délivra, et pendant que M. Chatel pratiquait les tractions rythmiques, M. Le Fol dit à l'empereur :

— Sire, veuillez monter dans ma voiture.

— Je rentrerai à pied, monsieur le directeur.

Il fallut l'asseoir de force dans l'auto. En cours de route, son compagnon l'interrogea :

— Êtes-vous satisfait de votre escapade ?

— Je ne suis pas satisfait puisque je n'ai pas réussi.

On devait « faire vite ».

Le lendemain, seize têtes tombèrent. Le Comat (grand conseil des ministres), réuni en hâte, déposa l'empereur et délégua une ambassade auprès d'un membre de la famille royale qui vivait oublié dans une modeste demeure des environs. Ainsi fut proclamé Khaï Dinh, père de Sa Majesté Bao Daï.

La situation, pourtant, demeura précaire. On avait paré au plus pressé, mais la révolution pénétrait les masses, s'organisait dans les sociétés secrètes.

En France, les chefs militaires se concertèrent. Pouvait-on distraire un corps d'armée du front européen pour assurer la sécurité de notre possession d'Asie ?

— Il y a deux solutions, affirma un de nos grands généraux : il faut envoyer là-bas ou un corps d'armée ou M. Albert Sarraut.

Pendant les années 1917 et 1918, les plus dures de la guerre, quand la confiance vacillait, le gouverneur Sarraut put garder en paix 15 millions d'Asiatiques avec 2.000 fusils européens.

Comment réalisa-t-il ce miracle ?

Il dit aux indigènes :

— Je vais vous traiter comme mes jeunes frères, mais je suis le frère aîné. Je vous donne l'instruction, la santé, je fais respecter vos biens, j'assure et réglemente votre travail, je vous élève de plus en plus à la dignité d'homme.

Beaucoup de colons français ne comprenant pas ce langage qui leur sauvait la vie, le gouverneur dut prendre un arrêté interdisant les châtiments corporels.

Enfin, dans un discours retentissant prononcé le 27 avril 1919, à la pagode de Sinh Tu à Hanoï, le gouverneur général, représentant de la France libérale, déclara solennellement, aux peuples du Tonkin, de Cochinchine et d'Annam :

« Ce qu'il faut faire, c'est accorder à ceux que j'appelle les citoyens indigènes une extension sensible de leurs droits politiques dans la cité indigène. Je veux dire d'une formule plus claire : il faut augmenter la représentation indigène dans les assemblées locales déjà existantes, créer la représentation indigène de ces assemblées là où elle n'existe pas encore, et élargir le corps électoral indigène qui désignera ses représentants, de façon que, de plus en plus, les représentants indigènes soient l'émanation directe de la population et non plus les délégués de l'administration, et qu'ils soient, avec plus d'autorité, ses collaborateurs qualifiés et compétents. »

Un mois plus tard, M. Albert Sarraut s'embarquait pour la France, lui et ses promesses...

Absorbé par d'autres charges et d'autres fonctions, il ne revint plus. Et pendant les années 1920, 1921, 1922, 1923, 1924, les promesses, elles aussi, restèrent de l'autre côté de l'Océan, sur le rivage occidental.

« Quoi ! écrivaient les révolutionnaires, lorsqu'on vous demandait votre sang et votre or, on vous a offert des libertés et des droits. Aujourd'hui, sur les monuments élevés aux Annamites morts pour la France, des milliers de noms sont inscrits. Vous avez souscrit aux emprunts de guerre des millions de piastres. Vous avez tout donné, on ne vous a rien rendu. »

De nouveau la révolution gronda. Pham Hong Thai voulant atteindre le gouverneur Merlin tua d'une bombe cinq Français à Chamine, et son tombeau devint un lieu de pèlerinage...

En ces circonstances, le 18 novembre 1925, débarqua à Saïgon le nouveau gouverneur général Alexandre Varenne, dont le nom et la vie politique indiquaient aux indigènes qu'il avait été délégué en Indochine par le gouvernement de la Métropole pour tenir les promesses de la France.

Collaboration

Que se passe-t-il en Indochine ? Lorsqu'on essaie de répondre à cette question, il ne suffit pas d'examiner les causes d'ordre économique, psychologique, social, moral qui ont pu contribuer à créer le malaise actuel des trois pays d'Annam.

Le problème indochinois présente aussi un aspect proprement politique, qu'on découvre en suivant la lignée des gouverneurs qui, depuis trente-trois ans, ont eu l'honneur et le péril de représenter auprès de nos sujets et protégés asiatiques l'autorité française.

M. Doumer construisit la machine administrative, en assura le bon fonctionnement, entreprit, réalisa les grands travaux. L'organisateur de l'armature indochinoise n'eut ni le temps ni l'occasion d'étendre son action féconde à la politique indigène.

Mais ses successeurs immédiats s'en préoccupèrent déjà lorsqu'ils rétablirent les fonctions mandarinales, créèrent les conseils provinciaux, ouvrirent à Hanoï et Nam Dinh les deux premières écoles d'enseignement supérieur, formèrent un cadre local pour le personnel des douanes...

La politique de collaboration amorcée par M. Beau fut développée par M. Albert Sarraut, dont le nom demeure attaché au lycée et à l'université d'Hanoï.

« De l'œuvre scolaire de la France, avait-il déclaré, doivent sortir un jour les droits du citoyen indigène. »

Mais, au fur et à mesure que l'émancipation morale et sociale du natif tendait à s'échapper des formules oratoires pour entrer dans la vie, la réaction d'une grande partie de la colonie blanche se précisa. On regretta, dans ce clan, le réalisme de M. Doumer. Chaque marche gravie par l'indigène fut considérée comme une marche descendue par l'Européen. L'idée que les uns et les autres pourraient un jour se rencontrer sur le même palier fut insupportable aux derniers.

La résistance des blancs ne tarda pas à provoquer l'impatience des jaunes.

Ceux-ci pressentaient que les réformes promises ne pourraient s'accomplir dans une atmosphère de mauvaise volonté. La finesse asiatique pénétrait la psychologie coloniale, découvrait, au-dessus de l'autorité gouvernementale, des puissances égoïstes, des intérêts aveugles neutralisant le libéralisme officiel.

Le conflit alla s'accentuant d'année en année.

Il est fatal qu'en ces sortes de dissentiments chacun des antagonistes exagère son attitude. Les blancs imaginaient qu'on leur demandait une abdication et voulaient rester les maîtres ; les jaunes croyaient à l'oppression et se refusaient à demeurer les esclaves.

Il ne s'agissait pourtant ni de ceci ni de cela. L'opposition des deux attitudes, également injustes et passionnées, rendait difficile l'œuvre raisonnable de la France.

***

Je n'entends pas, dans ce chapitre, délimiter les droits ou les devoirs du colonisateur et du colonisé, ni donner raison ou tort à l'une ou l'autre des parties. Les seules questions qui se posaient, qui se posent encore peuvent se formuler ainsi :

1. Était-il opportun de préparer l'indigène à collaborer avec l'Européen dans l'administration de son pays ?
2. Pouvait-on lui refuser la culture occidentale, et la lui ayant accordée, lui interdire d'en faire usage dans la cité ?

Il suffit de regarder le monde pour répondre oui à la première question, non à la seconde.

Niera-t-on qu'il se soit passé depuis trente ans quelques événements d'importance ? Voyez l'Inde, voyez l'Égypte, voyez la Chine ou la Turquie ! Un homme nouveau est né « interlatitude »... Avec ou sans pigment sous la peau, il a formé son esprit aux sciences et aux morales d'Occident. Il n'est au pouvoir d'aucun Josué d'arrêter l'intelligence dans son cycle autour de la terre.

M. le colonel Bernard, qui n'est point comme moi un témoin de passage, a noté dans la *Revue de Paris* qu'une évolution profonde s'est produite dans la population annamite au cours de ces derniers temps. Il

137

la considère comme un des épisodes de la transformation instinctive qui s'opère dans toutes les masses orientales.

« *Mutatis mutandis* !..., écrivit plus tard M. Raymond Poincaré dans *Excelsior*, compte tenu des différences de races, de culture, d'institutions, ce sont des phénomènes du même genre qui, à l'état sporadique, apparaissent en Indochine. »

Et l'éminent Français, dans la même étude, rappelait que « les assemblées indigènes pompeusement intitulées *Chambre des Représentants du Peuple* n'existent guère que pour la forme. » Il constatait que le gouverneur général était assisté « de fonctionnaires très nombreux, trop nombreux et en grande partie européens. »

Et il concluait :

« Comment s'étonner que les indigènes qui regardent, qui écoutent, qui observent, se plaignent trop souvent d'être tenus à l'écart ? Plus nous les instruisons, plus ils s'étonnent de ces évictions, et alors, ils s'imaginent que la mise en valeur de la colonie est faite dans l'intérêt exclusif des Français... Il est temps de mettre un terme à une situation qui, si elle se prolongeait, ne tarderait pas à empirer. Donnons en Extrême-Orient, comme partout, l'impression de notre autorité ; donnons-y également la preuve de notre justice et de notre humanité. »

Il est évident que M. Raymond Poincaré a exprimé dans ces paroles le sentiment de la France.

***

Depuis le premier séjour de M. Albert Sarraut la métropole a toujours voulu pratiquer dans sa colonie une politique de collaboration. Mais cette politique a toujours été entravée par un groupe de coloniaux sectaires et mal avisés.

Ainsi, pour tenir les promesses de son prédécesseur, M. Maurice Long avait voulu ouvrir les carrières administratives aux indigènes... Mais pour rassurer le « parti des blancs », dont il éprouvait la puissance, il imagina les « cadres latéraux », une sorte de compartimentage des fonctionnaires européens et des fonctionnaires asiatiques, évitant que les uns et les autres puissent jamais se coudoyer dans un même emploi.

Au lieu de jeter une passerelle sur le fossé, on élargissait le fossé !...

Pas plus en politique qu'en droit civil « donner et retenir ne vaut ». Or, à chaque ligne du rapport qui préparait cette réforme hybride on

138

devinait la restriction mentale du réformateur.

« Le prolétariat blanc auquel nous voudrions substituer l'élément indigène, écrivait ce dernier, ne peut, du jour au lendemain, être supprimé. Tant qu'il existera, nous n'obtiendrons jamais que dans une administration publique de la colonie un Européen accepte de devenir le subordonné d'un indigène, etc., etc. »

Sous M. Merlin le mécontentement jaune aboutit à la bombe de Chamine...

***

Le gouvernement métropolitain, estimant alors qu'un fonctionnaire, si haut fût-il, manquerait d'autorité pour combattre les préjugés du groupe anti-indigène, chargea l'un des membres les plus éminents du Parlement d'aller continuer en Indochine, avec ou sans l'assentiment des colons intransigeants, la politique française traditionnelle.

Certes, nous l'avons vu, la formule de la collaboration franco-annamite n'était pas nouvelle ! Elle avait même été définie par Paul Bert avant d'être préparée et organisée par M. Sarraut. Il ne restait plus qu'à la mettre en pratique.

M. Alexandre Varenne s'y employa.

En juin 1926, il abolit la contrainte par corps.

En septembre de la même année il institua le Crédit populaire agricole pour affranchir le paysan de l'exploitation usuraire.

Le 27 février, il accomplit la « terrible réforme » qui permit l'accession des indigènes, à égalité de titres, dans les emplois de gestion de l'administration.

En octobre 1927 il organisa la protection du travail, réglementa le recrutement de la main-d'œuvre et rendit possible la douloureuse mais nécessaire inspection de M. Delamare, qui dénonça les sévices de certains exploiteurs d'hommes.

M. Varenne amorça encore d'autres projets. Il voulut, notamment, remanier le système fiscal, qui fait payer à l'Européen millionnaire et au dernier de ses commis une contribution identique et qui met à la

139

charge du coolie un impôt égal au salaire d'un mois de travail.

En étroite communion d'idées et de sentiments avec son gouverneur général, le résident supérieur en Annam, M. Pierre Pasquier, prit l'initiative, le 28 janvier 1926, de proposer au Comat (grand conseil des ministres) la grâce de treize condamnés politiques...

Sans vouloir résumer ici l'œuvre de tel ou tel administrateur et dans le seul but d'analyser le conflit qui, depuis une dizaine d'années, va s'aggravant entre quelques millions d'Annamites et quelques milliers de Français, je dois rappeler qu'à cette époque les hommes jaunes ne se formèrent point en colonnes le long des routes d'Annam.

Ce furent au contraire les hommes blancs qui descendirent dans la rue pour manifester.

Rassemblés par les leaders anti-indigènes, quatre ou cinq cents Français, sur le quai de Saïgon, accueillirent par des cris : « À mort ! En prison ! » l'annamite M. Bui Quang Chieu, leader de la collaboration, qui répondit : « Vive la France ! »

Contre la politique généreuse, dont les premières réalisations assurèrent à l'Indochine trois années de paix indigène, l'opposition blanche, tantôt violente, tantôt sournoise, se manifestait sans trêve dans la presse, dans les associations, sur la place publique.

Il est logique de supposer que les Annamites ont été alors rebutés par une poignée de Français sans générosité qui leur cachaient le vrai visage de la France.

Nos sujets et protégés pouvaient-ils croire encore à la fameuse « collaboration », quand les futurs collaborateurs protestaient si violemment et se dérobaient à l'avance ?

Doit-on s'étonner que beaucoup d'hommes jaunes aient été alors rejetés vers les partis extrêmes ?

Évoquant cette époque dans sa lettre, PARFAITEMENT AUTHENTIQUE Nguyen Thaï Hoc, le dernier exécuté de Yen

Bay, a écrit :

Le départ du gouverneur français, Alexandre Varenne, rappelé en
France par d'autres devoirs publics, fut exploité comme une défaite du
« parti indigène ». Les dernières constances tombèrent, les plus
confiants perdirent la foi.

La France, pourtant, n'a pas changé de politique lorsqu'elle a appelé
au gouvernement général l'un des hauts fonctionnaires qui — nous
l'avons vu — avait le mieux secondé M. Varenne dans sa mission
libérale.

Ancien chef de cabinet de M. Albert Sarraut, vieil ami de l'Annam,
confident des empereurs, M. Pierre Pasquier dut s'efforcer d'apaiser les
colères, d'abattre les intransigeances, de dissiper les préjugés.

Il dut comprendre aussi que la réforme essentielle ne pouvait être
accomplie par un décret : la réforme d'un état d'esprit !

Ce qui se passe aujourd'hui en Indochine ne saurait être imputé à un
homme ou à un autre... Mais quelques milliers, peut-être quelques
centaines de Français égoïstes et maladroits peuvent plus justement
s'en partager la responsabilité.

Malheureusement, le gouverneur général, quelle que soit sa
personnalité, n'est pas armé par les lois contre ceux-là.

Et il ne peut, dans une atmosphère de bataille, accomplir une œuvre
de paix.

Le paysan du Mékong

La Fontaine conte qu'un nhaqué du Danube s'en vint de la colonie germanique jusqu'à la métropole et dit au Sénat romain :

« De quel droit êtes-vous nos maîtres ? Pourquoi avez-vous troublé notre vie ? Nous cultivions en paix d'heureux champs. Rien ne suffît à vos colons. Notre terre et notre main-d'œuvre ne peuvent les assouvir. On ne veut plus travailler uniquement pour eux. Nous quittons les villes et les champs, nous abandonnons nos femmes. Nous sommes découragés de mettre au monde des malheureux et de peupler pour Rome un pays qu'elle opprime.

Vos administrateurs au malheur nous font joindre le crime. Retirez-les, ils ne nous apprendront que la mollesse et que le vice... »

Mon professeur m'apprenait un peu inconsidérément à admirer cette harangue.

Je n'hésite pas aujourd'hui à la trouver injuste. Le nhaqué du Danube requérait contre la colonisation avec une aveugle partialité. J'ai beaucoup réfléchi depuis le lycée. Je veux bien saluer sur une place de Clermont-Ferrand la statue de notre bon ancêtre auvergnat aux amples moustaches. Il est louable que la municipalité de Paris ait commémoré sa résistance en donnant à une rue le nom de la place forte d'Alésia... Mais je frémis en pensant à tout ce que nous aurions perdu si le Gaulois avait gagné.

Nous trouvons encore dans nos campagnes des traces magnifiques des travaux publics entrepris par les Romains : des aqueducs géants ont fertilisé les champs stériles du barbare ; des thermes lui ont appris l'hygiène. Des routes, dont le pavé résiste aux siècles, ont fait circuler le blé et la vie de province à province. Et, plus que la pierre de Rome, le génie de ses poètes, de ses philosophes, de ses orateurs, de ses savants, de ses moralistes, enrichi lui-même du trésor grec, s'est perpétué en nous. Ancien sujet romain issu de la culture romaine, j'aime aujourd'hui mon vainqueur. Saluons Vercingétorix ! Mais remercions César !

Le paysan du Mékong s'est lui aussi adressé au parlement de la métropole.

Il a parlé à peu près comme son vieux frère du Danube :

« Depuis plus de soixante ans ma patrie est asservie par vous, Français. Mes frères souffrent sous votre domination ; ma race est menacée dans son existence... Ne vous comportez plus en maîtres cruels. Ne favorisez plus la concussion de vos fonctionnaires ni leurs mauvaises mœurs... »

Il est vrai que pour punir son nhaqué, le Sénat romain le nomma *patrice*, c'est-à-dire « gouverneur général ».

Je ne puis comparer plus longtemps à une fable de notre Jean de La Fontaine la tragique réalité de Yen Bay ni oublier que Nguyen Thaï Hoc avait passé de la rhétorique à l'action. Je ne sais si la statue du révolutionnaire s'élèvera dans un jardin d'Hanoï... Je souhaite alors que les Annamites de demain puissent, en le saluant, remercier dans leur cœur la France comme j'ai remercié Rome.

Certes, les Annamites d'Annam, du Tonkin et de Cochinchine n'étaient pas des barbares, puisqu'ils vivaient ou plutôt survivaient d'une civilisation millénaire ; mais la vie ou la survie dont ils s'accommodaient n'était pas heureuse.

C'étaient d'abord les guerres entre voisins, les hommes d'armes, amis ou ennemis, pillant, rançonnant les hommes de charrue. C'était le bon plaisir, la fantaisie cruelle, la cupidité concussionnaire du mandarin. Le peuple ne possédait, même à l'état embryonnaire, aucune des libertés qu'il réclame aujourd'hui au nom des principes que nous lui avons nous-mêmes apportés : ni la liberté d'écrire, ni celle de penser, de se réunir, de voyager... Il payait au roi et surtout aux seigneurs cinq fois plus d'impôts que ne lui en demande aujourd'hui le gouvernement protecteur. Il était puni de mort ou roué de coups pour des délits qui relèvent aujourd'hui du tribunal de simple police. Ses enfants mouraient du paludisme, de la peste, de la lèpre... La variole à l'état endémique prélevait à elle seule trente pour cent des nouveau-nés. Et les vieux d'aujourd'hui, échappés au moloch, portent encore le souvenir du fléau disparu, sur leur visage grêlé.

La famine périodique décimait les populations parce que les pistes, à peine praticables aux chariots, ne permettaient pas de transporter le riz des régions d'abondance aux régions de disette. Les digues ingénieuses construites sans machines, avec les seuls bras des hommes, ne pouvaient maintenir les fleuves dans leur lit ; les inondations ravageaient les rizières, démolissaient les greniers, emportaient le paddy. Sur la mer, les bateaux ancrés au large, sans sécurité, ne pouvaient décharger leur fret.

Souviens-toi, vieux paysan du Mékong, de tes corvées épuisantes lorsque, pour n'avoir pu payer ta dette, tu étais devenu jusqu'à ta mort l'esclave de ton créancier. Souviens-toi de ta fille qui était jolie et dont le mandarin a fait sa servante après t'avoir ruiné. Souviens-toi du juge qui t'a condamné parce que tu n'avais pu lui apporter autant de riz, de thé et de sapèques que ton adversaire lui en avait fourni.

Mais à quoi bon. Les jeunes gens ne savent pas.

— Si je faisais ces déclarations à la jeunesse, me disait le vénérable régent, on me traiterait de vieux radoteur !

La France est venue pourtant.

Elle a d'abord supprimé les bandes dévastatrices de soldats réguliers ou irréguliers, militaires ou pirates. Dans la sécurité enfin établie, elle a entrepris et réalisé une œuvre gigantesque.

Tout était à faire.

En Cochinchine, les joncs et les marais ont cédé la place aux cultures. Déjà, en 1883, la superficie des terres exploitées était de 665.000 hectares ; elle s'élève aujourd'hui à 2.360.000. Sur 542.000 propriétés cadastrées, 536.000 appartiennent à des indigènes. Nous avons tendu, dans cette seule province, 600 kilomètres de chemin de fer et 7.400 kilomètres de routes.

La France a créé le port de Saïgon qui exporte plus de deux millions de tonnes et qui est devenu le sixième port français.

En Annam et au Tonkin, par nos barrages, nos réseaux de canalisation, nous avons réussi à fertiliser des régions revêches. La valeur des terres irriguées passe de 4 piastres à 200 piastres. Les régions désertes du Kontum, du Daclac, du Djiring sont mises en valeur. Nous plantons l'hévéa, le café, le thé où il n'y avait que brousse impénétrable. Les empereurs avaient dessiné l'impraticable Route mandarine. Nous en avons fait une voie large, empierrée ; nous l'avons doublée d'un chemin de fer. Lorsque le dernier tronçon de 550 kilomètres entre Tourane et Nha Trang sera achevé, le transindochinois mettra à vingt-quatre heures l'une de l'autre Saïgon et Hanoï. D'ores et déjà, il faut moins de soixante heures pour parcourir les 1.800 kilomètres qui séparent les deux capitales (la distance de Paris à Naples).

J'ai vu des ponts hardis jetés sur les rivières, des aqueducs, des viaducs. J'ai vu le canal de Song Cay inauguré l'année dernière et qui fertilise à lui seul 34.000 hectares.

J'ai vu les usines, les chantiers, les mines...

Aux 31.000 kilomètres de routes, aux 2.000 kilomètres de voies ferrées, conquis par le drainage et l'irrigation, il faut ajouter d'autres bienfaits.

Nous aussi, héritiers de Rome, notre ancienne métropole, nous avons apporté la science, la morale, l'hygiène, la justice sociale. L'enfance protégée, les vieillards et les incurables hospitalisés, les cliniques, les hôpitaux, les dispensaires, les instituts Pasteur, les campagnes de prophylaxie et d'assainissement, tout cela est œuvre française.

Nous respectons les arts de nos sujets comme les Romains adoraient les dieux inconnus des provinces conquises. Nous avons créé des écoles de beaux-arts, d'art appliqué, des écoles professionnelles, des musées pour conserver les traditions de beauté du vieil Annam. Nous avons fondé une université de lettres et de sciences, des lycées, des collèges...

Tout était à faire... Nous n'avons pas tout fait !

La France n'a pas achevé l'œuvre indochinoise. Toutefois, par ses propres bienfaits, le bienfaiteur se crée des devoirs. La France n'a pas fini. Il ne faut pas qu'elle soit arrêtée dans son travail généreux par l'ingratitude de quelques-uns et l'égoïsme de quelques autres.

Je me suis efforcé d'analyser au cours de cette enquête le malentendu qui s'est élevé d'une part entre l'indigène impatient d'accéder aux libertés individuelles et collectives que nous lui avons apprises et promises ; et d'autre part, quelques Français bornés qui confondent la fortune de la France avec leur fortune particulière.

Il n'apparaît pas que ce malentendu puisse être dissipé par ceux qui disent : « C'est une question de force ! » ni par ceux qui croient qu'on peut écouter des revendications, même légitimes, lorsqu'elles sont faites par le sabre et par la bombe.

M. Raymond Poincaré, dont j'ai cité l'opinion mesurée, pense que notre devoir d'autorité n'est pas incompatible avec notre devoir de justice.

Qu'est-ce à dire ? Sinon qu'il ne faudra point céder à la révolte et, lorsque l'apaisement sera établi, que nous devrons nous rappeler nos promesses, les réaliser sans brusquerie, sans pression d'aucune sorte... d'abord parce que ce sont nos promesses, ensuite parce qu'elles sont sages et prudentes.

La politique de collaboration, la formation du citoyen indigène dans le cadre de la cité indigène sont définies, prévues, préparées depuis vingt ans. Elles peuvent entrer bientôt en application.

Sans doute l'heure n'est pas encore venue de nommer *patrice* l'orateur indigène au franc parler ; mais j'espère bien que l'heure ne sonnera jamais plus, dans la nuit de Yen Bay, des révoltes sanglantes qui conduisirent, dans l'aurore de Yen Bay, le paysan du Mékong à l'échafaud !

FIN